智元微库
OPEN MIND

成长也是一种美好

数字化转型系列

管理者的
数字化转型

数字
大时代的
21个
小故事

邓斌◎著

人民邮电出版社

北京

图书在版编目（CIP）数据

管理者的数字化转型 ：数字大时代的21个小故事 /
邓斌著. -- 北京 ：人民邮电出版社，2023.4（2024.5重印）
（数字化转型系列）
ISBN 978-7-115-61169-7

Ⅰ．①管… Ⅱ．①邓… Ⅲ．①数字技术－应用－企业
管理 Ⅳ．①F272.7

中国国家版本馆CIP数据核字(2023)第021412号

◆ 著 邓 斌
责任编辑 刘艳静
责任印制 周昇亮

◆ 人民邮电出版社出版发行　　北京市丰台区成寿寺路 11 号
邮编 100164　电子邮件 315@ptpress.com.cn
网址 https://www.ptpress.com.cn
河北京平诚乾印刷有限公司印刷

◆ 开本：720×960　1/16
印张：16　　　　　　　　　2023 年 4 月第 1 版
字数：240 千字　　　　　　 2024 年 5 月河北第 5 次印刷

定　价：78.00 元
读者服务热线：（010）81055522　印装质量热线：（010）81055316
反盗版热线：（010）81055315
广告经营许可证：京东市监广登字 20170147 号

献给：

我的人生伴侣潘小苑

和数字时代的管理者

走上数字化转型之路的管理者们，都在想什么

本书试图探究这样一个问题："走上数字化转型之路的管理者们，都在想什么？"

2022 年，我带着一门课程走进中国多家企业及商会、协会等组织，和管理者们探究上面这个问题的答案。这门课程和本书同名——管理者的数字化转型。可以说，本书是我在 2022 年对这个问题探究的阶段性总结。既然是阶段性总结，必然有很多不完善之处，但我还是想抛出来，期待更多对这个问题感兴趣的读者加入这场有意思的探究之旅。

我粗略地统计了一下自己 2022 年 6 月到 10 月的探究足迹（以交流日期，交流对象为例）：

6 月 25 日，万和电气；

6 月 27 日，佛山市电子信息行业协会；

6 月 29 日，佛山市民营女企业家商会；

7 月 8 日，佛山市潮州商会；

7 月 16 日，佛山市网商协会；

7月24日，佛山市湛江商会；

8月5日，中国建筑国际集团；

8月6日，东风日产；

8月9日，中国南方电网潮州供电局（第一批）；

8月16日，中国广核集团；

8月17日，中国南方电网潮州供电局（第二批）；

8月31日，河南省工信厅专精特新领军企业集群；

9月17日，中德制造业研修院；

9月21日，海发宝诚融资租赁公司（中远海运旗下企业）；

9月27日，四川省广元市昭化区政府；

9月29日，广咨国际集团；

10月31日，中国石油长庆油田；

…………

以上这些交流，以我主讲的"管理者的数字化转型"课程拉开序幕，中间穿插着这些组织的管理者基于自身实际业务的大量研讨及探索。其中很多场次由于探讨较为深入，当天的课程内容都无法全部讲完。一开始我有一丝丝遗憾和不安，感觉没有完成授课任务，转念一想，数字化转型本来就是一个从实践中来到实践中去的"实学"，是否讲完其实不重要，重要的是这个组织（企业）的管理者借此机会讲出了他们对自身组织数字化转型的真知灼见，从而达到为组织的数字化转型"松土"的作用。

以上这些组织所在行业分属于第二产业和第三产业（我至今尚未服务过第一产业），横跨建筑地产、电子制造、汽车制造、核能发电、油田、电网、电商、金融、餐饮、政府智库、生活服务等多个细分行业，组织规模不一，包括从年营收几百万元的小微制造企业到市值上千亿元的上市公司，组织性质横跨政府事业单位、中央企业、省属国有企业、民营企业、中外合资企业等。

有道是"生有涯，知无涯"，无论课前做多么充分的准备工作，我自知仍无法掌握这么多行业的隐性知识（know-how）。因此，每一场的交流，我都是如此开场："如果从了解你们自身行业的角度看，各位远远比我熟悉。他山之石，可以攻玉，今天我只是把我知道的抛出来，让大家看一看那些踏上数字化转型之路的管理者们都在想什么。而适合本行业、本企业的'量身定做'型的数字化转型规划和路径，则需要大家一起来创新。"

绝大多数情况下，这些管理者认为这就是"请外脑"的独特价值——面对汹涌的数字化转型浪潮，外部专家帮助他们打破行业思维惯性和路径依赖。同时，正所谓"教学相长"，恰恰是他们思维打开之后的共创成果，让我开了眼界，学习到各种细分行业的新知识，才有了这本书。正因如此，本书与其说我是作者，不如说是我将他们的群体智慧进行了结集并呈现给读者，衷心地感谢他们。

大时代，小故事。市面上关于数字化转型的图书已经不少，为了适应快阅读时代管理者群体的阅读习惯，节省时间成本，本书更加追求"启发性"而非"系统性"，呈现方式上采用"专栏式"而非"小说式"，力求做到单刀直入、讲完即止、干脆利落。我把这些企业的管理者和我交流探讨的所得，分为三大篇章共计 21 个小故事：三大篇章分别是商业进化论、管理变革力和技术加速度，每个小故事由"话题焦点、他山之石、点石成金"三个小模块构成，尽量还原我在课堂上与管理者们探讨的场景，力求做到独立成篇，连篇成体。

千行百业迈入数字时代，面临门槛高、成本高、技术复杂、人才缺乏等诸多挑战，形态迥异，但先行者解决问题的思维方式却是惊人地相似。那些困扰我们已久的行业难题，在其他行业很可能已经有了非常成熟、非常巧妙的解决方案，我们就不用再"重复造汽车轮子"。正所谓："闻道有先后，术业有专攻。""众里寻他千百度，蓦然回首，那人却在，灯火阑珊处。"数字化转型，大家都在路上。让我们追上那些已经走上数字化转型之路的管理者们，期待他们的所思所想所为能给我们带来新灵感。

是为序。

目录
CONTENTS

上篇

商业进化论

特斯拉卖保险

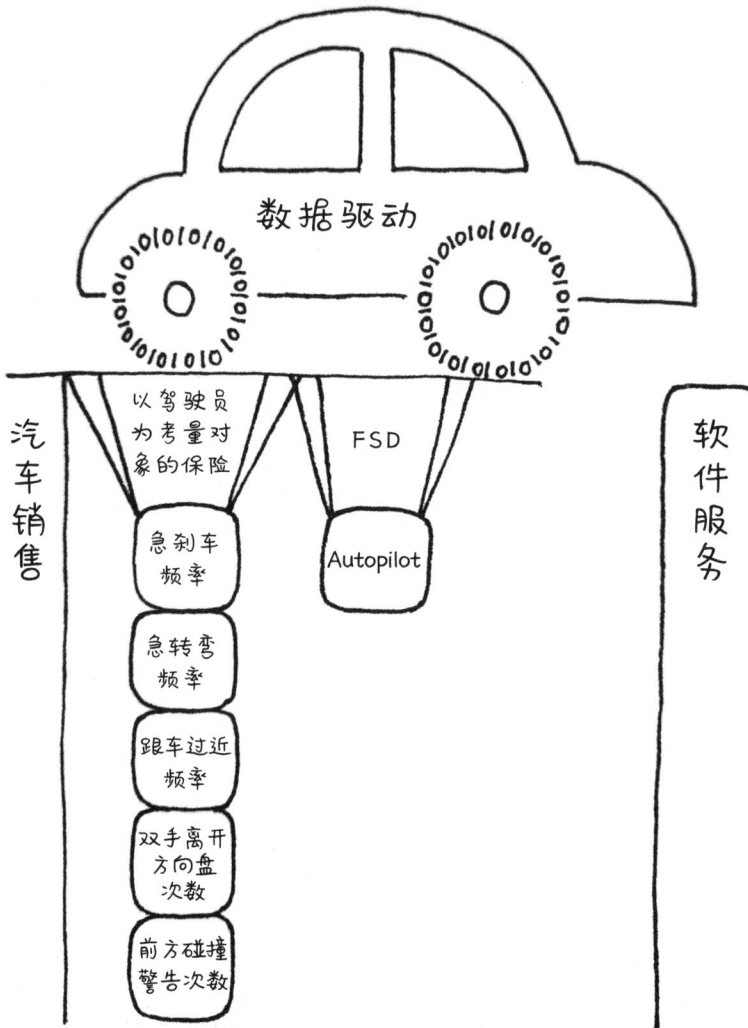

数据驱动

汽车销售

以驾驶员为考量对象的保险

FSD

Autopilot

急刹车频率

急转弯频率

跟车过近频率

双手离开方向盘次数

前方碰撞警告次数

软件服务

视觉呈现：山水 sunshine

01

特斯拉卖保险，是特例还是趋势

在新要素的驱动下，第一二三产业正在走向融合

话题焦点 | 2019 年 8 月 29 日，特斯拉宣布为美国加利福尼亚州的用户提供自营汽车保险服务。截至 2022 年 11 月，特斯拉自营汽车保险服务已覆盖美国佐治亚州、科罗拉多州、马里兰州等 12 个州。这不得不让我们思考一个问题：特斯拉卖保险，是特例还是趋势？第二产业的企业，纷纷把手伸向第三产业的"果园"，在未来这是不是可持续的商业模式？

他山之石

生意，是为了解决市场痛点而生的主意。这是我想出来的一句话，用于特斯拉卖保险的场景特别适合。

特斯拉汽车的车身采用一体化压铸技术，整车的集成度非常高，稍微有刮蹭，就必须更换整辆车的龙骨，因此其维修费比其他品牌的汽车贵不少，常规的保费无法覆盖，保险公司只好提高保费。

2017 年，美国汽车保险公司 AAA 决定将特斯拉汽车 Model S 和 Model X 两款车型的保险费率上调 30%，让特斯拉车主感受到"特别的待遇"。车主在购车时要算的账，不仅是购买一辆车的一次性支出，还有产品全生命周期的

成本，包括运营维修、保险服务等使用成本。如果无法妥善解决保费高于其他品牌这个问题，就会对特斯拉的客户体验和新客户开拓产生较大影响。特斯拉公司与保险公司交涉多次无果后，只好推出自营汽车保险服务。但让保险公司始料未及的是，特斯拉汽车保险服务一经推出，就让它们如坐针毡。为何？因为特斯拉又一次基于埃隆·马斯克（Elon Musk）的"第一性原理"，用完全不同的思维提供了保险服务。

特斯拉对车险的考量对象与常规保险公司有很大的不同：常规保险公司以汽车为对象，特斯拉车险以驾驶员为对象。这个转换，有点哲学的韵味——当主体和客体发生迁移时，我们要讨论的命题焦点也相应地发生迁移。车主每年买保险，常规保险公司会根据被保车辆的情况计算保费，比如车辆购置时的价格、已使用年限、折旧后的余值等，不同的保险公司保费计算规则可能有细微的差异，但有一个核心不变：始终以汽车为考量对象。这种状态在过去持续了很多年，好像大家也都习惯了。

如果我们仔细想就会发现：汽车只是一个"物"，是一个工具，怎么使用其实取决于坐在车内尤其是驾驶位上的那个"人"，为什么不把焦点放在"人"的身上呢？于是，特斯拉将车险做了180°调整，把驾驶员作为考量对象，根据其驾驶习惯带来的潜在安全风险计算保费。

读者应该听说过，特斯拉是一家基于数据驱动的科技公司，车上布置了多个摄像头，以达成"人—车—路"的感知与协同效果。以特斯拉 Model 3 为例，它配置了 8 个摄像头和 1 个毫米波雷达来模拟人眼，因此可以收集大量的实时驾驶数据，对物理世界的感知更真实、更具体。正是由于能精准有效地收集数据，特斯拉公司据此可以判断驾驶员的驾驶习惯是否存在潜在的安全风险，并据此计算保费，提供差异化的保险服务。

最近几年，在保险行业流行一个新的专有名词——UBI（Usage-based Insurance）[⊖]。当国内保险公司还在讨论之际，特斯拉已经基于自身的数据驱动优势，实打实落地了这个概念。

特斯拉是怎么做到的？

特斯拉有一套针对驾驶员驾驶习惯的"安全性评分的机制"（Safety Score），这套评分机制从不同的角度对驾驶员是否正在危险驾驶做出评价，包括但不限于以下内容：

- 该驾驶员急刹车的频率；
- 该驾驶员急转弯的频率；
- 该驾驶员跟车过近的频率；
- 该驾驶员双手同时离开方向盘的次数；
- 前向碰撞警告的次数；

....

为了让读者感受一下特斯拉基于数据进行场景应用的威力，我对其简要解析如下。

1. 该驾驶员急刹车的频率

什么样的驾驶行为才算是急刹车？特斯拉对此做了严谨的定义：每秒减速超过 10.76 千米 / 小时。它还限制了急刹车的次数占比：占总体刹车次数的比例不能超过 7.4%。也就是说，若该驾驶员开车过程中踩刹车 100 次，急刹

⊖ 一种基于驾驶行为的保险，通过车联网、智能手机和车载自诊断系统等联网设备将驾驶者的驾驶习惯、驾驶技术、车辆信息和周围环境等数据综合起来，建立人、车、路多维度模型，从而进行定价。

车次数不得超过 7.4 次。你想象一下，你的一位朋友开车总喜欢要么一脚油门踩到底，要么一脚急刹，你坐在他车的副驾驶位上，会不会心惊肉跳？急刹车次数越多，追尾前车或被后车追尾的概率就越大，出险的概率就越大，特斯拉车险必须首先考虑这个因素，因为车主不是每次运气都那么好——刚刚好刹住。

2. 该驾驶员急转弯的频率

什么样的驾驶行为才算是急转弯？特斯拉对此也做了严谨的定义：每秒车身左 / 右加速超过 14.24 千米 / 小时。特斯拉对"转弯"下的定义很有意思——车辆正常行驶是前 / 后纵向加速，如果出现左 / 右横向加速则是转弯。急转弯占总体转弯的比值越大，出交通事故的概率就越大。读者不难理解这个指标的意义，只需要留意十字路口比笔直马路出事故的概率大得多即可。转弯时，对驾驶员来说，会形成视觉盲区以及对车辆间距的判断误差，从而带来车身大大小小的剐蹭，使得保险公司出险的概率也加大了许多。虽然常规的保险公司定损专员也知道这个状况，但并没有将其上升到模型算法中，而特斯拉率先在计算保费时用上了这些数据。

3. 该驾驶员跟车过近的频率

什么样的驾驶行为算是跟车过近？特斯拉对此做了定义：当车辆以时速 80 千米 / 小时以上的速度移动时，面对前车急刹车，留给该驾驶员的反应时间少于 1 秒，则算是"跟车过近"。而且特斯拉规定：跟车过近占比总跟车的时间上限为 60%。跟车过近容易导致交通事故是每一位车主的常识，但往往有些车主在实际驾驶时忽视了这一常识。为了降低交通事故发生概率，特斯拉将其作为计算保费的依据。

4. 该驾驶员双手同时离开方向盘的次数

在考取驾照时，我们都会明白一个知识点：汽车在行驶过程中，不允许驾驶员双手同时离开方向盘。当特斯拉推出自动驾驶辅助系统软件 Autopilot，尤其是完全自动驾驶 FSD 软件被解锁后，就有不少车主选择"放飞自我"——把双手枕在脑后，闭着眼睛哼着歌由软件系统代为开车。这种驾驶行为极其危险，需引起广大车主的高度注意！

根据国际自动机工程师学会的权威定义，汽车自动驾驶的成熟度共分为 6 个等级，分别为：L0 级，"无自动化"的人工驾驶；L1 级，"人类不能放手"的辅助驾驶；L2 级，"人类可以放手"的部分自动驾驶；L3 级，"人类移开视线"的有条件自动驾驶；L4 级，"人类放松大脑"的高度自动驾驶；L5 级，"不再需要方向盘"的完全自动驾驶。

其中只有 L4 级、L5 级才是对道路、驾驶员"无条件"级别，L3 级和以下等级都是"有条件"的，最典型的条件是对道路环境、车速的要求，比如在港口作业区、煤矿作业区等封闭的道路而非开放的道路，时速低于 60 千米/小时等。当前全球范围内的汽车自动驾驶技术成熟度达到了哪个等级呢？ L2 级正进入普及期，L3 级正处于量产前夕，L4 级预计还需要 8 ~ 10 年才能量产。

当然，也有一种观点认为，L3 级和 L2 级本质上没有区别，自动驾驶技术应用的发展可能从 L2 级直接跳到 L4 级，不在 L3 级停留，对这种观点，本书暂不讨论其可行性。

因此，特斯拉即便推出 Autopilot 软件，也仅仅是自动驾驶辅助系统，而不能代替驾驶员开车。正因如此，特斯拉要求车辆在行驶过程中开启 Autopilot

功能时，驾驶员必须把双手放在方向盘上，便于遇到突发情况时可以第一时间接管汽车。当然，有些车主对此规定置若罔闻，于是特斯拉设置了阈值：在 Autopilot 开启状态下，如果驾驶员双手脱离方向盘，则汽车会发出安全警告，连续警告三次无效后，Autopilot 就会强制退出运行，由驾驶员人工驾驶，直到驾驶员手动再次启动 Autopilot 软件，如此反复训练驾驶员的安全驾驶习惯。特斯拉在计算该驾驶员的保费时，会考量 Autopilot 强制退出的次数。次数越多，说明这个驾驶员"玩火"的概率越大，出交通事故的概率也就越大，保费因此相应上涨。

5. 前向碰撞警告的次数

这项指标，也是构建在特斯拉汽车对外部环境强大的感知系统之上的。所谓前向碰撞警告，是指汽车前方出现障碍物（包括行人、前车等），但驾驶员没有及时采用制动干预行为时系统发出的预警。这项指标考量驾驶员驾驶汽车时的专注度，特斯拉设置的阈值是每 1000 英里的上限是 101.9 次。

以上这些指标值会随着特斯拉统计存量交通安全事故的主要原因不断迭代增减，不仅仅是以上 5 项。特斯拉会把这些指标数据代入一个公式，预估这位驾驶员未来发生交通事故的概率，并得出一个月度安全分数（初始值是 90 分），分值越高，说明该驾驶员的驾驶习惯越安全，所需缴纳的保费越低；分值越低，说明该驾驶员的驾驶习惯越不安全，所需缴纳的保费就越高。

特斯拉车险更具颠覆性的地方在于：传统的汽车保险，统计的周期是年度，而特斯拉车险统计的周期是月度。也就是说，下个月保费交多少，取决于当前月的月度安全分值。从心理学角度讲，当车主意识到好好开车、下个月的保费就可以少交点，能很快看到自己的行为习惯调整带来的正反馈时，就更愿意改变自己。

我给读者分享这个案例，并不是希望读者了解汽车保险的细节，而是想请大家思考一个问题：特斯拉根植于自身的数据优势跨界开展保险业务，从第二产业的制造业跨到第三产业的服务业，这是特例还是趋势？

细心观察产业的读者可能会发现一个有意思的现象：智能汽车行业的特斯拉公司和智能手机行业的苹果公司，极有可能在发展路径上殊途同归。

我们首先看看特斯拉公司。2021 年，特斯拉的总营收是 538.23 亿美元，其中包括 FSD 在内的软件服务及其他业务实现营业收入为 38.02 亿美元，增加 65%[一]。摩根士丹利分析师亚当·乔纳斯（Adam Jonas）预估[二]，到 2030 年特斯拉的汽车销售业务将只占公司估值的 47%，剩下的 53% 估值将由公司服务业务支撑。在具体估值拆解方面，包括 FSD 在内的自动驾驶软件业务估值将达到 164 美元（每股），占公司总估值的 30%。

据民生证券预测[三]，2030 年特斯拉将有超过 1800 万存量车主用户，其中 80% 将成为 FSD 的订阅付费用户，FSD 的软件服务收入将达到 160 亿美元 / 年。

我们再来看看苹果公司。2008 年 7 月 10 日，乔布斯带着只有 500 款应用的 App Store（应用商城）与公众见面，现场并没有太多的欢呼声。那时，第一代 iPhone 手机刚推出一年，苹果公司在大家心中就是一个手机设计制造商，而不是软件生态服务商。时至今日，App Store 已经成长为一个包含几百万款应用、拥有超过 10 亿用户的庞然大物。2021 年，苹果公司总体营收为 3658

[一] 数据来源：特斯拉 2021 年全年财报。

[二] 许超 . 摩根士丹利：特斯拉的服务业务将比卖车业务更挣钱［N］. 华尔街见闻，2020-12-25.

[三] 彭勃 . 特斯拉 FSD 即将涨价，去年 3 季度软件服务已带来 9 亿美元营收［N/OL］. 证券时报，2020-01-08.

亿美元，根据 CNBC 的分析，如果苹果公司的佣金统一为 30%，那么 2021 年 App Store 销售额最高可达 857.1 亿美元；如果苹果公司的佣金是 15%，相应的销售额就是 705.8 亿美元。因此从应用生态服务佣金的比例可以倒推出 App Store 年度总营收为 705.8 亿 ~857.1 亿美元，占公司总营收的 20% 左右。[⊖]

App Store 是什么？其本质就是软件生态平台服务。

哈佛大学终身教授菲力克斯·奥伯霍尔泽 - 吉（Felix Oberholzer-Gee）从毛利指数[⊖]（gross profit index）角度指出，App Store 的前景优势更加明显。2010 年至今，10 余年来，苹果公司三大硬件品类（iPhone、iPad、Mac）的毛利指数稳中有降，保持在 100 以下，App Store 的毛利指数却从 100 一路飙升到 400，持续增长的曲线特别陡峭。其原因在于，软件生态平台是旱涝保收的，具有硬件无法比拟的利润增长潜力。

点石成金 | 关于特斯拉跨界开展保险业务，是特例还是趋势？我观察多个行业、多家企业后得出的结论如下，供读者参考：各行各业的钱越来越难赚，产业类别之间的界限越来越模糊；第二产业的企业借助数字化转型，将自身能力外溢为服务，进入第三产业已是大势所趋。

我做过统计，听过"管理者的数字化转型"课程的企业管理者，从产业类别看，第二产业的企业占比超过 80%。因此，

⊖ 李扬霞 . 2021 年苹果 App Store 收入又创纪录了，苹果还能"躺赢"多久 [EB/OL] . 雷峰网，2022-01-12.

⊖ 毛利指数表征毛利率自身的增长速度，从中可以看出该营收是否具有快速放大性。

我常常在解读特斯拉卖保险、苹果公司卖 App 软件等数字化转型案例后，引导管理者思考一个问题：你所在的行业，会不会在当前或不久的将来，出现特斯拉、苹果这种从第二产业跨到第三产业、"纵向一体化"的战略机会窗？如果有，你所在的企业计划如何抓住这个先机？

---

* 在本节写作中，王巍、唐湘民、李翔、菲力克斯·奥伯霍尔泽－吉等专家的睿智洞察与独到见解对我影响较大，向这些数字时代的先行者致敬。

三一重工的挖掘机指数

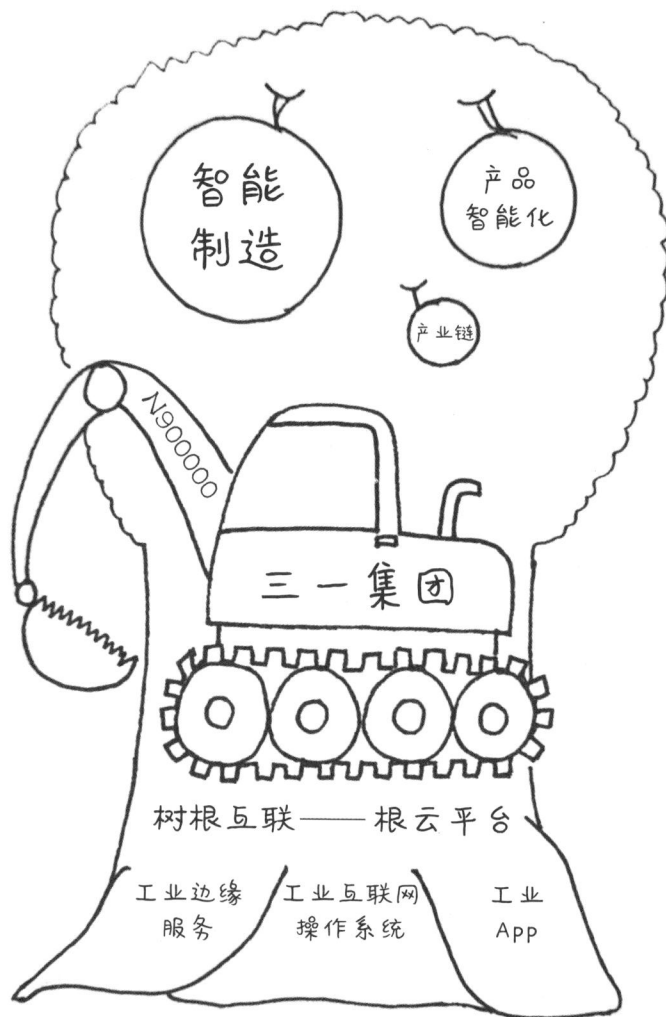

智能制造

产品智能化

产业链

N900000

三一集团

树根互联——根云平台

工业边缘服务　工业互联网操作系统　工业App

视觉呈现：山水 sunshine

02

产业互联网：从挖掘机到"挖掘机指数"

从消费互联网走向产业互联网，主角已变

话题焦点 | 如何判断一个城市工业生产和社会活动恢复了多少？中央电视台财经频道有一个独特的视角：以挖掘机指数判断。

挖掘机是建筑工地的"标配"。2011 年以来，三一重工的挖掘机已经连续十年蝉联中国销量第一，累计销售 40 多万台，是中国市场保有量最多的品牌。"挖掘机指数"是中央电视台和三一重工联合打造的基建观测数据，融合应用物联网、大数据、5G 等新一代的数字技术，收集中国市场上每一台三一重工挖掘机的地理位置、是否开机、开机时长等数据，用于相关部门及时调整经济政策、地方政府敦促基建落实。

这个被誉为"中国经济晴雨表"的挖掘机指数，是无心插柳之作，最初只是三一重工用于自身商业用途。早期不少挖掘机买家向三一重工购买工程机械设备时采用分期付款方式，三一重工为了及时回款，在每一台挖掘机上安装了传感器，用以判断设备的具体运行情况。

2015 年，三一重工参考"波罗的海干散货指数"，推出"挖掘机指数"。如今，挖掘机指数的监测范围已扩大到挖掘机、搅拌机、摊铺机、压路机、汽车起重机、履带起重机等多种工程机械设备上，三一重工每个月都会将这些数据上报给相关研究机构，为政府制定政策提供参考。不仅如此，中央电视台财经频道发布有关"挖掘机指数"报告后，资本市场和相关企业也可以通过这个指数感知经济复苏的态势，了解全国各经济带的投资建设活跃度等。

他山之石

为什么我要给读者分享三一重工"挖掘机指数"的案例？这背后是一家传统制造企业的艰难转型历程。

三一集团始创于1989年，是中国首家营业收入破千亿元的工程机械企业，其主营板块三一重工创建于1994年，主营产品是挖掘机、混凝土机、起重机、路面机、摊铺机等。2003年，三一重工在上海证券交易所上市，2021年营业收入破千亿元（1061.13亿元），获得"全球工程机械三强"（日本经济新闻）等荣誉[一]。

2014年前后，面对卡特彼勒、小松等同行的高强度竞争态势，三一集团创始人、董事长梁稳根意识到必须变革了。他曾说了一句对整个集团影响深远的话："面对工程机械和制造业的数字化，三一集团要么翻船，要么翻身——

[一] 资料来源：三一重工 2021 年年报。

不能实现数字化升级就会翻船，转型升级成功就会翻身，变得更加强大。"

三一集团邀请数字化转型专业服务机构进场帮助自身完成这一项艰难的转型升级工程。当时，我在华为公司中国区规划咨询部工作，有幸见证和参与了这项转型工程的早期阶段。三一集团经过反复遴选，最后选择了全球著名咨询公司埃森哲和华为组建联合咨询团队进场。其中，埃森哲提供全球视野的知识库、方法论，华为提供自身多年的流程信息化、数字化经验，从智能研发、智能工厂、数字化供应链、数据管理、技术架构、信息安全等多个方面帮助三一集团绘制数字化转型路线图。

当时给我留下深刻印象的是，三一集团对干成这件事的决心非常大，梁稳根让秘书买来了市面上能买到的，所有涉及信息化及数字化转型的图书，他亲自筛选价值高、有内涵、启发性大的图书，推荐给集团全体高管读，并且要求高管写读书心得、数字化日记，开展与数字化相关的路演。

为了避免高管让秘书代写读书心得，梁稳根要求所有高管必须在每周和每月的高管例会上脱稿发言，而且会时不时地问问题，一旦高管没想透、没想明白，真的回答不上来。

为了避免"上热、中温、下凉"，三一集团要求高管团队带动各自体系的员工持续加强数字化知识的学习，不断提升三一员工的数字化认知水平和技能，采取考核、排名、现场发奖金等方式，将全员动员起来形成学习型组织。

那段时间，三一集团自上而下各个层级的压力都非常大，作为顾问的我们，也被严格要求，除了要输出很细致的咨询报告，我们还必须不断地从全国各地分批调配专家、顾问进场。此外，三一集团对资料的信息安全管控很严，所有资料只可进不可出，因此我们只能在集团总部现场办公。后来我和同事们复盘这个项目时，大家认为这是这些年做得最辛苦的咨询项目之一。

当时三一重工很看重华为过往的"拉通"实践能力，希望借此帮助三一重工拉通信息技术和运营技术的数据，实现工厂、企业与产业链的数字化。同时，三一重工在等待一个拥抱数字时代的战略机会。

2016年5月，国务院出台了《关于深化制造业与互联网融合发展的指导意见》，鼓励有条件的产业龙头企业牵头搭建"工业互联网"。"工业互联网"随即被确定为国家科技创新战略方向，2016年也因此被称为"中国工业互联网元年"。

随后的几年里，国务院及相关部委密集出台了支持工业互联网建设的相关法律法规和产业政策，持续刺激数字经济从消费互联网走向产业互联网。产业互联网在第二产业落地，就表现为工业互联网。

机不可失，三一集团在2016年6月成立了树根互联股份有限公司（以下简称"树根互联"），总部设在广州，由三一集团首席信息官担任总经理。截至2021年12月，树根互联的员工总数为1512名，研发人员占比46%，过去3年的研发投入占比56%，发明专利超过47项，软件著作权超过11项。[○]

我们通过树根互联披露的数据可以看出，它不再是一家工程机械公司，而是工业互联网软件与云服务提供商。

树根互联的核心在于"根云平台"（ROOTCLOUD），由工业互联网操作系统、工业边缘服务和工业App三个部分组成。其中，工业互联网操作系统是根云平台的核心，包括操作系统内核、工业大数据引擎、数据智能模型库和应用赋能开发服务四大组成部分；工业边缘服务提供工业设备及生产要素的连接、数据采集和边缘计算等服务；工业App则是由数据驱动的工业应用，

○ 资料来源：树根互联股份有限公司科创板首次发行股票招股说明书（申报稿），2022年6月2日。

不同行业可以定制不同的工业应用。

2022年6月，树根互联向上海证券交易所提交了科创板IPO申请，并在招股说明书中提到了三一重工内部对进入工业互联网软件与云服务赛道的优势分析。

相对于传统互联网行业而言，工业互联网产品开发的最大难点在于将互联网技术和工业领域的行业知识深度融合，以便将工业领域的痛点和需求转化为产品功能和组件。在需求分析阶段，公司尤其强调"三现"（即现场、现实、现物）理念，即在公司产品规划和业务需求分析的流程中加入了对客户现场、运行环境、设备对象等要素的调研与分析。基于现场、现实的现物素材，有助于加深互联网IT人才对工业知识的理解。公司通过服务细分行业领军企业客户，在大规模工业互联网赋能实践中反复打磨工业互联网操作系统、产品和迭代新功能，不断沉淀知识经验，强化客户黏性，这也是公司在国内工业互联网行业保持优势的核心竞争能力之一。

我对以上这段文字的理解是，一个人永远赚不到认知范围之外的钱，他所赚的每一分钱，都是他对这个世界认知的变现。三一重工为什么能做工业互联网的生意？其根本原因是这群人过去在工程机械制造行业摸爬滚打30多年，非常了解这个行业的隐性知识。比如，在多种类工业设备的大规模连接能力方面，三一重工不仅可以支持工业协议1100余种、机器接入类型5000余种，还可以解决多种设备物联全生命周期管理，使其根据物理网络和设备位置变化自动适应。

三一集团还有一个不可复制的条件——市面上存量的90万台各种工程机

械设备实验环境。这使得"自己造的降落伞自己先跳"成为可能。这些复杂的工业场景，并非外卖、网约车、在线买菜的消费互联网场景所能驾驭的。

一个人、一家企业很难超越自身过往的阅历实现突破。术业有专攻，工业互联网由工业龙头企业牵头，而不是消费互联网企业牵头，是情理之中的事。

这里加一个小插曲，可能有读者会问：如果我不是这个行业的人，是不是无法分得工业互联网的"蛋糕"？并不是。你可以像华为一样，利用自己的优势并联合懂这个行业的伙伴共同创新，也可以很好地"分蛋糕"。

2021—2022年，华为先后成立了20个"军团"，其中8个是"行业军团"，包括煤矿军团、电力数字化军团、智慧公路军团、数字金融军团等。华为坦承自身只懂信息与通信技术（information and communications technology，ICT），不太懂煤矿、电力、公路、金融等行业的隐性知识。但很多行业伙伴懂，于是华为联合了4万多家行业伙伴，以华为云为依托，为各行各业提供开放的行业数字化平台，把最佳实践沉淀在华为云行业aPaaS中。

aPaaS正是基于应用程序接口（application program interface，API）、数据API、集成资产三种能力，实现行业数字化转型成果的联创、抽象、沉淀、共享和复制。截至2022年11月，华为已经发布煤矿、电力、公路、工业、政务等行业aPaaS，实现一次开发、多次部署、广泛复用。例如，煤矿aPaaS已经实现18个机器视觉类API，覆盖矿山采煤、掘进、机电、运输、通风等主业务环节，助力煤矿少人化、无人化作业，让煤矿工人也可以穿西装打领带坐在空调井挖矿，该方案可复制用于中国4000多个井工矿。

我们回到三一重工的案例。在理解了三一重工切入工业互联网赛道的优势后，我在"管理者的数字化转型"课堂上，与学员做了一次有意思的互动：假如你是三一重工的管理者，在决定把公司的能力外溢且必须把这些能力包装成可销售的产品时，你会将它包装成什么产品？

树根互联招股说明书公开了它对外的三大核心产品：智能制造 IIoT 解决方案、产品智能化 IIoT 解决方案、产业链 IIoT 解决方案[⊖]。

1. **智能制造 IIoT 解决方案。**主要面向工业企业的生产制造，对企业生产现场的各类生产要素和生产数据，主要包括设备数据和信息系统数据，进行采集和建模，并基于数据和模型对生产设备、生产效率、产品质量、能源、现场安全等分析计算，形成数据和模型驱动的各类型工业应用。

2. **产品智能化 IIoT 解决方案。**通过将工业企业的产品联网，进行实时数据的采集和建模分析，形成产品的自我感知、远程管理和持续升级的能力，提供智能化产品设计、售后服务和客户运营等类型的工业应用。

3. **产业链 IIoT 解决方案。**主要面向工业企业的产业链管理，通过将产业链上下游企业的资产、生产、销售等数据进行采集和分析计算，形成数据驱动的供应链管理应用。

在对这三个产品的要点进行解析后，我进一步问学员：假如你是三一重工的管理者，你要给树根互联的团队设立年度销售收入 KPI 指标，这三个产品将分别占比多少？

这个问题让课堂气氛瞬间热闹起来了，因为各个小组讨论得出的答案非常多元化。在 2022 年 9 月给海发宝诚融资租赁公司管理者授课，以及 2022 年 10 月给中国石油集团长庆油田中青年干部授课时，大家都深度探讨了这个

⊖ IIoT 即 industrial internet of things，意为工业互联网。

问题，不少管理者认为产业链 IIoT 解决方案的营业收入 KPI 在三大产品的占比应该达到 50% 以上。但我随后打开树根互联 2019—2021 年的实际营业收入数据[○]时，现场一片错愕。

2019 年度，智能制造：产品智能化：产业链 = 24.21% ：75.30% ： 0.49%。

2021 年度，智能制造：产品智能化：产业链 = 53.25% ：45.49% ： 1.26%。

数据表明，大家普遍寄予厚望的第三个产品（产业链 IIoT 解决方案）营收占比只有 1% 左右；而普遍不看好的智能制造 IIoT 解决方案营收占比不断扩大，已超过一半，预计未来这个产品的占比还将更高。

我当时在课堂做了一个点评：做生意，有虚有实。有些产品属于门面产品，有些产品属于现金流产品。虽然大家都很憧憬实现产业链的协同，但因为涉及上下游产业链众多企业，实施起来难度非常大，厂商想赚这个钱真是难于上青天。而智能制造，也就是帮助客户把自身的工厂升级换代，使之更加智能化，则是授之以"渔"——那些基于长期主义的企业更愿意在这一块加大投入，因此营收占比逐年提升，甚至超过产品智能化 IIoT 解决方案，因为后者仅仅是授之以"鱼"。

点石成金 | 企业开展数字化转型，需要通过学习达成共识。三一集团非常重视通过集体学习自上而下让员工全面参与变革。2014年，华为团队被邀请进入三一集团提供咨询服务时，我们当

○ 数据来源：树根互联有限公司科创板首次公开发行股票招股说明书（申报稿），2022 年 6 月 2 日。

时就强烈地感受到梁稳根对"学习改变企业"这一价值主张的热爱。

2022 年 10 月，为了统一数据文化，统一数据思想，梁稳根又一次带头集中学习了《DAMA 数据管理知识体系指南》，这是一本由数据资产管理协会组织众多国际资深专家撰写的数据治理的标准工具书。三一集团全国 12 个会场云端连线，包括全体董事在内的近 600 名管理干部参与学习，覆盖商务、财务、IT、研发、营销、制造等体系，全面提升数据管理和治理能力。这场为期 6 天的集训，采取了首席信息官统一讲解、个人自学、小组讨论、提问答疑、闭卷考试等形式，以及加入了梁稳根评价环节。

这场学习或将成为三一集团数字化转型路上一个新的起点。当时，三一集团刮起了一股 DAMA[⊖] 风，大家见面打招呼不再是"吃了吗？"，而是"今天你 DAMA 了吗？""DAMA 看到第几章了？"

从三一重工走向树根互联的探索，牵引企业走向数字化企业已成为一个不可逆转的征程。树根互联自 2016 年成立以来，

⊖ DAMA，全称 Data Asset Management Association. 数据资产管理协会，是一个致力于数据管理研究和实践的全球性非营利协会。文中此处的"DAMA"是指三一集团上下学习《DAMA 数据管理知识体系指南》一事。

不断开拓跨行业、跨领域的服务能力，为装备制造、钢铁冶金、汽车整车及零配件、电气等数十个工业细分行业的近千家工业企业提供工业互联网服务，同时助力打造了环保、铸造、纺织等多个产业链工业互联网应用，带动一大批上下游企业实践数字化转型。基于敢为天下先的勇气和实践成效，树根互联也成为中国工业和信息化部遴选的第一批国家级跨行业跨领域工业互联网平台企业，其拥抱数字化转型的经验及教训，值得正走在这条路上的管理者们好好借鉴。

* 在本节写作中，毛基业、贺东东、张平安、王涛、阮开利、陈红军等专家的睿智洞察与独到见解对我影响较大，向这些数字时代的先行者致敬。

场景为纲，技术为目

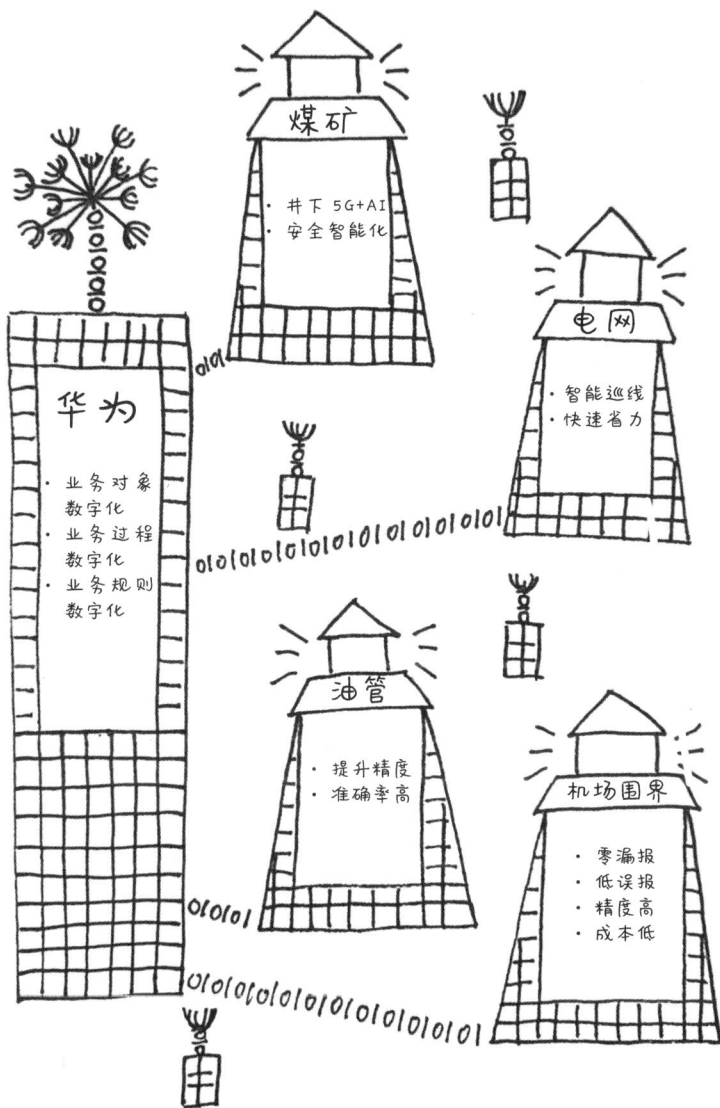

华为

- 业务对象数字化
- 业务过程数字化
- 业务规则数字化

煤矿

- 井下 5G+AI
- 安全智能化

电网

- 智能巡线
- 快速省力

油管

- 提升精度
- 准确率高

机场围界

- 零漏报
- 低误报
- 精度高
- 成本低

视觉呈现：山水 sunshine

23

03

场景为纲，技术为目："为场景找技术"是正道

场景是供需双方的"普通话"

话题焦点 | 在 2022 华为全联接大会上，华为旗帜鲜明地提出了一个新观点："为场景找技术""数字化生产力存于技术、藏于场景"。在数字时代，这个观点很有洞见，值得读者好好琢磨。

他山之石

我走进企业讲授"管理者的数字化转型"课程，一直向学员强调一个观点：数字时代，"场景"是连接业务和技术的关键桥梁，是业务部门和 IT 部门之间对话的"普通话"——大家话语体系一致，才听得懂对方的意图。企业开展数字化转型，唯有找准场景、落地场景，企业领导者和业务部门管理者才会感知到数字技术的力量。值得强调的是，场景是企业的业务管理者经过反复研讨达成共识的产物，必须根植于自身行业的土壤、自身企业的阶段、自身业务的痛点，无法抄别人的作业，只能自己摸索、实践。

以华为为例。

华为在 2016 年深入推进数字化转型时，IT 部门与业务部门经过多次研讨，梳理出四大场景：数字化作业场景、数字化交易场景、数字化运营场景和数字化办公场景。

1. 数字化作业场景

该场景通过数字技术提升包括制造、交付、研发、供应链等作业场景的效率，赋能确定性业务走向自动化，不确定性业务借助数字技术实现智能辅助。

2. 数字化交易场景

该场景通过数字技术构建全流程的线上交易可视化平台，使得客户和华为做生意更简单、更便捷。对很多企业尤其是中小企业而言，开展数字化交易场景并不是主要的，但对华为而言，交易场景却是影响效率和客户体验的痛点场景。比如受到全球新冠肺炎疫情的影响，线下的巴塞罗那移动通信展无法举办，华为便搭建了数字展厅"线上巴展"，让全球的客户和合作伙伴也能及时了解华为最新的技术和产品。又如，华为与客户达成的一笔金额高达上亿美元的交易，涉及客户在线协同、上下游合作伙伴协同，如果不能借助数字技术把相关方业务流数据端到端打通，让交易场景畅快跑通，那么华为"把数字世界带入每个人、每个家庭、每个组织，构建万物互联的智能世界"这一愿景就会落空。

总体来说，B 端交易的效率和体验，远远落后于 C 端交易的效率和体验，这在业界是普遍现象，只是在 2016 年这个时间点，年营收超过 5000 亿元的华为率先感觉到堵塞之"痛"，于是下定决心将交易场景作为数字化的主场景来对待，实现了实物流、资金流、信息流的三流合一。

3. 数字化运营场景

对大型企业的管理者而言，这类场景并不陌生。近几年，企业界掀起了建设"大屏"的热潮，但最后大多成为上级领导检查工作时的显示器。更有甚者，大屏展示的数据并非业务运营的实时真实数据，而是企业"做"出来的数据。最让我吃惊的一次经历是，有一家大型企业请设计公司制作了一幅很炫酷的动画图用于大屏展示，界面非常逼真。如果不走近仔细看，就极容易将这幅动画图看作数据仪表盘的界面，如果用手指点击这个动画图的按钮，界面就露馅了，无论往上还是往下，点击按钮都无法链接相关信息，因为大屏背后根本就没有业务数据。这样"高清"的大屏空有一副好看的皮囊，背离了数字化运营场景建设的初衷。我们必须认清事实：大屏充其量是"面子"，数据才是运营的"里子"。

华为也建立了不少大屏，比如孟晚舟主导建立的财经大屏、全球 IT 大屏，并为大屏建立了相应的运营中心（指挥中心），如供应链智能运营中心、交付运营指挥中心、全球 IT 运营指挥中心、区域数字化运营中心等。但华为的管理者心里很清楚，大屏背后的数据如果不真实、"不清洁"，公司决策层是不敢也不会基于这样的数据做运营决策的。因此，华为在建大屏之前，花了近 10 年的时间做数据治理工作。2007 年，孟晚舟主导集成财经服务（Integrated Financial Services，IFS）变革时，就同步启动了这项工作，持续做到 2016 年，才基本实现数据清洁的初步目标，并建立了相对有效的数据质量度量机制，背后所付出的艰辛和汗水是外人所不知的。

4. 数字化办公场景

这是很多企业管理者梳理场景时很容易忽略的场景，对这个场景为何成为华为数字化转型的四大场景之一，我曾经也感到不解。

2022 年年初，我与在华为公司流程与 IT 领域工作了 21 年的资深专家曾斌谈起此事，他的一席话点醒了我。

任总（任正非）注重办公效率，不仅仅是近几年的事，从1998年华为邀请IBM进场开展IT战略与规划（IT S&P）项目开始，就非常在意员工的办公效率。因为华为不是一家追求重资产的公司，最重的资产就是"人"，人的效率出不来，就会成为其他效率提升的瓶颈。而且华为是一家全球化公司，一个大项目的协作涉及前端和后端的多个角色：项目商务责任人、项目财务控制人、项目采购责任人、融资责任人、投标责任人、供应责任人、产品责任人、服务解决方案责任人、交付项目经理、合同责任人等。这些角色分布在全球各地，并不都在华为深圳坂田总部集中办公，如果不借助数字化进行有效协同，那么连一个标都投不了，更不用提那些更高的体验要求了。

正如曾斌所言，办公场景对华为来讲是"不误砍柴工"的"磨刀"工作，因此华为对准员工的体验，通过数字化办公构建了全方位的连接和协同，基于办公场景提供了智慧差旅、智慧园区、移动办公等场景解决方案，且这些解决方案有一个统一的入口：Welink。读者可以把它理解为阿里的钉钉、腾讯的企业微信、字节跳动的飞书。Welink无缝连接了华为全球1300多个办公场所，成为华为员工使用频率最高的应用系统。

对于以上四大类场景，华为采用了"三个数字化"的统一方法进行数字化：业务对象数字化、业务过程数字化、业务规则数字化。

- 业务对象：四大场景中涉及的人、事、物等对象。
- 业务过程：业务对象行为过程的实际运转路径。
- 业务规则：业务对象行为过程中的通行规则。

《礼记·大学》有言："物格而后知至，知至而后意诚，意诚而后心正，心正而后身修，身修而后家齐，家齐而后国治，国治而后天下平。"这指出了一个人成长的逻辑顺序。华为采用"三个数字化"方法，基于四大场景落实自身的数字化愿景，即"把数字世界带入华为，实现与客户做生意简单高效，内部运营敏捷，率先实现ROADS（实时、按需、在线、自助、社交）体验，成为行业标杆"，取得一定成效后，华为遵照"为场景找技术"的思路，把自身数字化转型的能力向行业客户外溢，把数字技术带到千行百业的具体场景中。

2022年4月，华为全球分析师大会（HAS2022）在华为深圳坂田总部举办，我受邀参加了该次大会，之后写了一篇长篇解析文章《场景之战：华为军团的背后》，我在这篇文章中提出一个论断：面对千行百业数字化转型的战略大机会，华为汇聚全集团的力量在打一场行业场景之战。

场景，有时也称"情景"，是近几年华为内部高频使用的词语。

早在HAS2022召开之前，2020年2月，面对全球市场的不确定性，任正非与华为企业BG⊖管理团队座谈时，坚定地认为华为必须走场景化路线，提议在公司战略部下成立战略场景化总参谋部。

我们的5G要横向发展，做好To B的多场景化应用，并沿途把这些场景化顺藤结的"瓜"都能拿到手……面向金融、电力、交通等多个行业，我们也能依据不同的场景提供5G切片能力，也能在他们的业务中提供AI、Cloud的多样能力，帮助客户更好地利用他们的数据资产，支撑他们的业务生长。随着我们多场景化横向发展，5G就可以继续前进。……做场景化，刚开始做

⊖ BG是Business Group的简称，是指华为的一个业务集团，华为目前有运营商BG、终端BG和企业BG三大BG。

是个性化的，慢慢抽象一部分有共性的东西出来，形成场景化应用模板。就像搭积木一样，将不同的模板进行组合，我们要有开放性思维，模块是可以不断优化的。这样我们在重点行业聚焦场景，结合客户需求，引入业界专家和伙伴，形成适配的解决方案，就能解决绝大部分问题。搭完以后剩下一些特殊问题，去几个专家解决即可。……在公司战略部下成立战略场景化总参谋部，作用就是横向打通各个BG，共同协调作战。

"以客户为中心"是华为核心价值观的第一条，而把理念落实到客户可以感知到的产品服务中，最关键的纽带就是"场景"。华为在帮助行业客户开展数字化转型的实践中，虽然发现了客户有很多问题，知道客户急于解决这些问题，即便华为有很多领先的技术，也解决不了客户的问题。原因是"错位"：一方面，现有的技术满足不了客户的需求；另一方面，这些技术组合不到一起，无法形成客户能感知到价值的有效解决方案。

华为人把解决方案分为两类：水平解决方案和垂直解决方案。水平解决方案可以从技术维度描述，如广域网络、光网络、存储、数据通信、数据中心等；垂直解决方案则从行业维度描述，如城市治理、金融、交通、能源、制造、教育、医疗、互联网服务等。

华为自创立以来，前20年主要服务电信运营商，这是一个比拼技术领先度的领域，使得华为人形成技术惯性，在水平解决方案层面做得很出色，华为人自称很擅长"卖硬件盒子"。

自2011年成立企业BG后，华为人意识到只有水平解决方案远远不够，与客户沟通起来犹如鸡同鸭讲，聊不到一块，必须增补一块新的能力：垂直解决方案。当时，华为在企业BG成立了行业解决方案部，在中国地区部市场与解决方案部下面也相应成立了中国区行业解决方案部。比如，华为当时成立了交通行业解决方案部，但该部门的业务范围比较大，跨了比较多的子行业，包括航空、机场、公路、轨道、港口等。当它跨的行业比较多的时候，华为专家们就难以聚焦深入子行业看清客户的痛点，尤其是团队对行业的认识处于知识浅层时，无法输出有足够深度的解决方案，无法打动客户，无法把华为的解决方案匹配上去。于是就出现了被客户调侃的场景："前面讲了交通行业这么多痛点，最后给我的解决方案是卖给我几台交换机？"

华为的垂直解决方案之路一直走得很艰难，直到2020年年初转机才出现。当时，美国商务部将华为列入"实体清单"，华为海外运营商业务阻力陡增，消费者业务也因缺少芯片、安卓新服务功能不可获得而导致营业收入急剧下滑，公司新增长的希望压在企业BG的肩上。

当时，中国很多企业确实有意向和华为合作，华为也在内部达成共识——数字化转型就是华为和企业客户能走到一起的桥梁，但这个桥梁单有技术维度，客户还是不愿意买单的，必须把这些技术真正落地在客户的具体场景中，比客户还懂客户的生意，华为才能成为赋能者。

但客户这么多，如何有效提供场景服务？

这就不得不介绍一下华为的客户分类法。

华为的客户分类里包含NA[⊖]类客户和商业市场客户两类。NA类客户是行业头部价值客户，华为联合这类客户深入场景搞创新，成立军团组织，为客户打造适配场景的产品和解决方案，建立"灯塔效应"，以期通过这些灯塔

⊖ NA是Named Account的缩写，中文译为"价值客户"，在华为指行业排名前列的超大型、大型企业。

照亮整个行业。NA 类客户之外是商业市场客户，数以千万计的商业市场客户是华为覆盖不过来的，只能借助合作伙伴为不同客户传递华为的产品、产品组合和解决方案，帮助客户实现数字化转型。这种方式也被称为"普惠数字化"——数字化技术和方案像蒲公英一样传播给每一个 B 端客户。华为为商业市场客户打造易部署、易运维、高性能的产品组合，2022 年已推出 40 多个面向行业的产品组合和 70 多个针对中小企业的"小而美"方案，帮助商业市场客户更便捷地获取技术。

华为完成客户分类后，是如何实践"为场景找技术"的呢？接下来，我分享 4 个小案例。

案例一　煤矿井下 5G 场景

华为与国家能源集团联合了 30 多个伙伴，开发了矿山领域首个物联网操作系统——基于鸿蒙的矿鸿操作系统，推动矿山的智能化运营向前迈了一大步。其中，作为数据流动通道，矿山新网络是基于矿山场景打造的通信方案。对煤矿而言，安全是底线，而煤矿井下场景的 5G 基站和地面上的 5G 基站是不同的，井下基站必须符合井下安全生产特殊防爆的要求，控制发射功率在 6 瓦以下，也因为这个原因，井下通信设施的更新换代比较保守。华为煤矿军团得知这一情况后，适配煤矿行业的场景，推出了本安型矿山工业承载网解决方案，完美地解决了这个问题。2022 年 11 月，华为宣布，矿鸿操作系统商用一年来，基本实现"煤矿工人穿着西装远程挖煤"的初步目标，进入规模化复制阶段，5G+AI 助力矿业智能化发展步入全新阶段。

案例二　电网巡线场景

电网运营有一个非常典型的业务场景——巡线，就是线路工人沿着电线塔巡视，检查设备是否损坏，以便及时抢修。电线穿越崇山峻岭，人工巡线工作条件非常艰苦、耗时费力。以云南迪庆藏族自治州为例，巡视一段40千米的金格线需要7天。华为深入了解这个场景后，为电网公司引入智能巡线新技术，只需要2小时就可以完成全部巡线工作。华为的新方案，使得线路工人不用再翻山越岭、风餐露宿，不会受到蚂蟥叮咬，不用走线爬塔，在办公室就能完成巡检。每一个地市电网公司每年也因此可以节约几百万元的差旅费。

案例三　输油管道巡检场景

输油管道如何防止市政施工意外破坏或第三方非法打孔盗油，是一个非常典型的痛点场景。传统情况下，国家管网公司需要安排人工定期巡检，费时费力且总是滞后较长时间。华为得知客户这个痛点场景后进行了专家会诊，其中一位技术人员提出，华为15年前已经有了一种光纤通信定位技术，通过检测光在光纤中的折射率和扰动率判断光纤断裂处，便于及时定位和维修。从技术原理看，这种定位技术也可以迁移到输油管道场景中。国家管网公司对此很感兴趣，经过华为和客户历时一年的联合创新，新方案不仅可以定位输油管道的断点位置，还能识别断点的原因类目，如大型挖掘机碾压、人工挖掘等。2022年，这套新技术方案对输油管道损坏的定位精度提升至10米级别，风险事件识别的准确率达到97%。读者可以看到，一项15年前的成熟技术，只是从通信线路场景迁移到输油管道场景，就能快速解决困扰管网公司多年的痛点问题，并大幅提升第三方入侵事件判断的准确率。

案例四　机场围界安全场景

每个机场都有围界，约有20千米，现在业界主要采用振动光缆、光纤作为围界。但这种方案存在两大痛点：一是产生大量的误报警，每天有几百次误报警，如果遇到台风天气根本无法使用，只能关闭报警器；二是这种振动电缆和振动传感器都有局限性，20千米要分成几十甚至上百个小区间，这导致维护工作量特别大，而且为了维护这套设备每年要花费几百万乃至上千万元，系统的维护成本也非常高。

华为近些年大力推广光纤感知能力的方案，并通过光视联动技术，实现围界全天候立体精准防护，保障机场的围界安全运营，减少入侵误报的干扰。华为的光纤传感方案能做到什么程度呢？第一，承诺"零漏报、极低误报"，误报警相对传统方案降低90%以上；第二，20千米的围界定位精度可以做到米级；第三，整个围界用一两套光纤就能解决，性价比高，维护工作简单。

这得益于华为在光通信技术方面多年来沉淀的两项核心技术能力：一是采样能力和识别能力——光纤上有任何抖动，华为都能第一时间读取采样；二是采用AI的算法能识别抖动类型。这两项能力使得华为的方案能够比当前业界方案的误报率降低90%以上，从而大大降低维护成本。

通过以上4个小案例，读者可感知到华为提出"为场景找技术""数字化生产力存于技术、藏于场景"的深刻内涵。

点石成金 | 综上所述，数字化转型工作正在中国大地如火如荼地开展，如果不能找到落地的场景，我们充其量只是这个大变革时代的看客。华为把自己定位为行业客户数字化转型的积极赋能者，通过技术方案场景化，促使千行百业实现数字化转型。

对各位读者而言，我们更需要思考一个问题：无场景，不转型！我们所在行业、所在企业融入这个大变革时代的场景在哪里？

* 在本节写作中，胡厚崑、张平安、邹志磊、陶景文、熊康、吴辉、邱恒、王浩渊、陈帮华、曾斌、王俊、何园媛、周迅、谭新德、孙福友、宋联昌、李俊风、王国钰等专家的睿智洞察与独到见解对我影响较大，向这些数字时代的先行者致敬。

战略的 "测不准性"

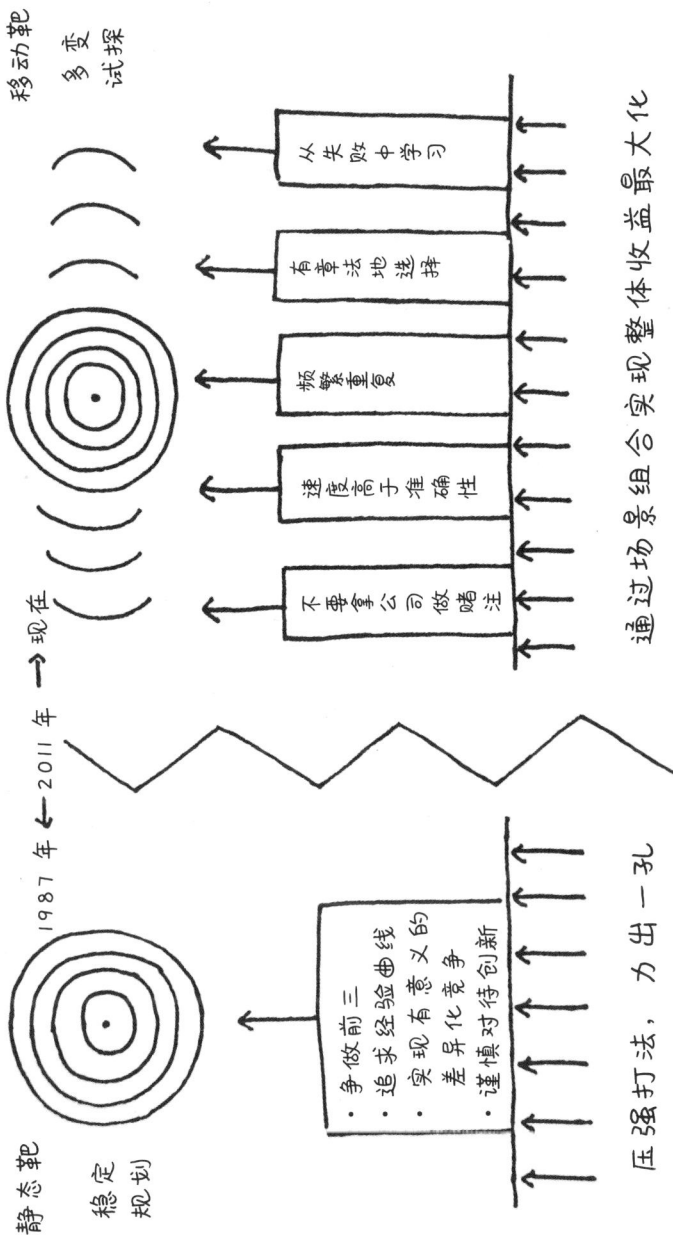

移动靶
多变
试探

从失败中学习

有章法地选择

频繁重复

速度高于准确性

不事先全部做赌注

通过场景组合实现整体收益最大化

1987年 ← 2011年 → 现在

静态靶
稳定
规划

- 争做前三
- 追求经验曲线的
- 实现有意义的
- 差异化竞争
- 谨慎对待创新

压强打法，力出一孔

04

战略的"测不准性"：从"静态靶"到"移动靶"

方向大致正确，组织充满活力

话题焦点 | 我们首先回顾 10 多年前 IT 界的一场著名辩论。

2010 年，在中国（深圳）IT 领袖峰会上，阿里、腾讯、百度的高管同台论道：如何看待云计算？

腾讯高管认为：云计算是一个技术属性比较强的话题，是一个超前的概念。支撑企业运营的各种软件，不再放在自身机房的服务器上处理，而由"云"来集中完成，这确实很有想象空间，但可能需要几十年甚至上百年才能实现，现在讨论它为时尚早。

百度高管认为：云计算的概念已经出现很多年了，现在大家讨论它是新瓶装旧酒，如果传统软件产业真的向云计算转型，会产生左右手互搏的矛盾。

阿里高管认为：云计算是一种数据存储、处理和分享机制，万万不可小瞧这种机制，它可能蕴含着颠覆性力量，将是大势所趋。

10 多年后，我们以事后诸葛亮的视角再看他们当年的论断，以及这三家企业基于自身高管认知对云计算所做的布局，由此发现因布局不同所带来的商业差距之大让人甚是感慨：对于时代的预测，永远扑朔迷离。数字化转型是正在发生的未来，讨论一个尚未定型的东西，人人皆是心怀"盲人摸象"般的忐忑，永远"测不准"。

这一节，我们一起聚焦探讨战略管理的"测不准性"。

他山之石

2017 年，华为创立 30 周年。

年中，公司在上海召开战略务虚会，任正非在会上发表了题为"方向要大致正确，组织要充满活力"的讲话。这篇讲话稿在业界广为流传，开头如下。

一个公司取得成功有两个关键：方向要大致正确，组织要充满活力。这里大致正确的"方向"是指满足客户长远需求的产业和技术。其实"方向"包含的内容非常广泛，以客户为中心、以奋斗者为本、艰苦奋斗、利益分享制……都是我们前进的方向，这是广泛来说的。今天讲的是技术、产业。作为商业组织，如果不能聚焦客户需求，把握商业趋势，方向就不可能做到大致正确。

本次会议基于未来定位讨论华为管道产业发展方向，寻找战略机会点。

数字时代，赢家通吃的趋势日趋明显，华为应该沿着自己的优势往前走，要有信心，坚定不移。优势如何再发展一步，它有什么价值？未来有什么方向，哪些领域适合我们的组织平台去构建行业领先的优势，如何构建？……所以，希望在座的各位要建立长远的战略思维，将更多的精力用于仰望"星空"，减轻日常事务性管理。我们都要成长起来，为公司长远生存做出贡献。

在拙作《华为成长之路：影响华为的 22 个关键事件》中，我讲述了两个小故事：2003 年任正非计划把华为公司整体出售给摩托罗拉，以及 2008 年任正非计划把华为终端公司整体出售给贝恩私募基金。幸运的是，受外部环境和交易对手自身原因的影响，最后都没有成功卖出，否则也就没有如今华为的传奇故事了。后来，任正非在一次内部讲话中对此进行了评述。

一个公司要做到方向大致正确是一件非常不易的事。我们这两次差点把华为卖掉，卖掉就卖掉了，员工也很开心，公司上下的人都很开心，我们实际上很容易将它卖掉。在华为 30 年的发展历程中，我们非常感慨的是，一个公司很多时候并没有设计好自己的方向，甚至我们的方向是大致不正确的。在方向大致正确或大致不正确的情况下，一个公司充满活力是非常重要的。如果这个公司充满活力，它就能确保战略执行走向成功。我们讲活力很重要，并不是否定战略，战略方向很正确或很不正确，都需要靠组织活力。

我们从中可以看出任正非的睿智：对环境不确定性的敬畏，对自身组织柔韧性的坚持。当我们无法精准地判断环境时，最好的做法是改变自己，让自己变得更有弹性，在渐进明晰中力争被环境接纳。

全球著名战略咨询公司波士顿咨询（BCG）认为，影响战略选择的商业环境有三个要素：环境的可预测性、环境的可塑性和环境的严苛性。基于以上三个要素，它们组合了五类战略原型：经典型（做大）、适应型（求快）、愿景型（抢先）、塑造型（协调）、重塑型（求存）。

华为创办后的前 25 年（1987—2011 年），在战略管理上采用的就是波士顿咨询模型中的经典型战略：在可预测但不可塑造的环境中快速做大。而近10 年（2011 年至今），华为在战略管理上采用的是波士顿咨询模型中的适应型战略，在不可预测、不可塑造的不确定性环境中快速调整自己，以求生存。

我们在这一节展开说一说这两种战略管理方式的特点，便于管理者开展数字化转型时能选对模型。

如何判断你所属的商业环境是经典型商业环境？经典型商业环境具有如下特征：

- 行业结构稳定；
- 行业竞争对手稳定；
- 行业发展前景可以预测；
- 行业可塑性低；
- 行业增长平稳；
- 行业集中度高；
- 行业成熟；
- 行业技术稳定；
- 行业监管环境稳定；

…………

如果要找出一个关键词总结以上环境特征，那就是"稳定"。

作为企业，要在稳定的环境中生存下来，必须有相应的行动，采用经典型战略的企业更强调以下行动：

- 对公司市场地位有谨慎明确的了解；

- 分析市场和细分市场的吸引力；

- 分析竞争基础；

- 分析公司竞争力；

- 预测市场发展；

- 制定长期稳定的规划；

- 构建翔实的阶段性目标和业绩衡量标准；

- 一丝不苟地执行；

....

如果要找出一个关键词总结以上行动，那就是"规划"。

我们一起来看看华为创办后的前25年是如何采用经典型战略的。

经营模式是战略选择的关键体现。华为创办后的前25年的经营模式是什么？《华为公司基本法》第二十二条对此做出了清晰的回答。

我们的经营模式：抓住机遇，靠研究开发的高投入获得产品技术和性能价格比的领先优势，通过大规模的席卷式市场营销，在最短的时间里形成正反馈的良性循环，充分获取"机会窗"的超额利润。不断优化成熟产品，驾驭市场上的价格竞争，扩大和巩固在战略市场上的主导地位。我们将按照这一经营模式的要求建立我们的组织结构和人才队伍，不断提高公司的整体运作能力。

任正非对这套打法用了一个物理学名词——"压强打法"进行表述。物体单位面积上受到的压力叫作压强，压强用来表示压力产生的效果，压强越大，同一受力面积压力的作用效果越明显。

这套打法为什么在华为能行得通？我在"管理者的数字化转型"课堂上做过评述。在我看来，行业特质决定企业玩法。华为为何强调力出一孔，强调心无旁骛地往前走，不炒房、不炒股，20~30 年来朝着同一个城墙口用范弗里特弹药量来炮轰，每年把销售收入的 10%~15% 投入研发？因为这是华为做通信设备行业生意的最佳战略选择——通信设备行业具有可预测但不可塑造的市场环境。华为为何强调执行力、强调乌龟精神追上龙飞船？是因为经典型战略打的就是既定范围的"静止靶"，只要心无旁骛、有条不紊、不折不扣地处理好每个细节，就能熟能生巧，持续逼近目标，从而在最后打出 10 环的好成绩。

在确定性的市场空间中，比拼的是谁更能聚焦火力投入，谁能更快冲到前三的位置，所以才会出现任正非的这类豪言壮语："抓住了战略机会，花多少钱都是胜利；抓不住战略机会，不花钱也是死亡；靠节约是节约不出华为公司的。""不在非战略机会点上消耗战略竞争力量。""力出一孔，最温柔的水就可以切割最坚硬的钢板。"

当年波士顿咨询公司为华为提供战略咨询服务时，也总结过经典型战略的成功经验，在这里也择其精要分享给读者。

- **争做前三**。如果企业寻求以规模为基础的市场定位而一开始所占据的市场份额很小，那么持续创造价值将会很困难。
- **追求经验曲线**。成本降低不是自然而然的，应该在销售量增长时主动出击，降低成本；需要不断总结企业实践中的成功经验和失败教训。也就是说，集体学习、建立知识库和案例库对这种战略打法有用。

- **实现有意义的差异化竞争。** 根据对客户有益且难以模仿的内在能力实现差异化，而不是根据唾手可得的内在能力实现差异化。这就是华为所说的"搭梯子摘树顶的大苹果"，而不是一味地和友商打价格战。

- **谨慎对待创新。** 在做有关资源分配创新的决定时要特别谨慎，就像管理支出时那样。对于这一点有一些读者可能不理解，创新是有成本的，不是所有战略场景下的投资创新都合算，经典型战略更强调战略和流程的稳定性和持续性，这样对产出更有效，而不是动不动谈颠覆，为了创新而创新。

…………

然而，数字化转型推动企业经营的外部环境同样出现了巨大变化。在10多年前IT界那一场著名的辩论中，连视野如此开阔、战略规划资源如此丰富的著名企业高管尚且难免出现如此严重的误判，更不用说绝大部分企业的管理者了。从近10年的发展趋势看，在战略管理上从打"静止靶"逐步迁移到打"移动靶"，适应型战略管理方法成为热门话题。

如何判断你所属的商业环境是适应型商业环境？适应型商业环境具有如下特征：

- 行业不断变化；

- 行业发展难以预测；

- 行业难以塑造；

- 行业呈高增长趋势；

- 行业的结构不成体系；

- 行业并不成熟；

- 行业技术不断变化；

- 行业监管不断变化；

…………

如果要找出一个关键词总结以上特征，那就是"多变"。

企业要在多变的环境中生存下来，必然有对应的有效行动。采用适应型战略的企业很强调以下行动：

- 以提前捕获并分析变化信号为目标；

- 轻规划，重试验；

- 选择成功的试验；

- 扩大成功的试验；

- 灵活地重新分配关键资源；

- 快速闭环（变化、选择、扩大规模）；

…………

如果要找出一个关键词总结以上行动，那就是"试探"。

我们来看看华为近 10 年是如何采用适应型战略的。

2015 年，时任福布斯英文网记者的杨林专访任正非，写出一篇在业界广为流传的文章——《与任正非的一次花园谈话》。在这篇文章中，我们可以看到华为的打法已经悄然发生变化，任正非在文中对此进行了解读。

我们现在不是靠赌哪一种技术、哪一种方向，"赌博"一种路线是小公司才会干的，因为它们的投资不够。大公司有足够的资金，在主航道里多路径、多梯次地前进，采用投资密集型战略以缩短探索方向的时间。在多重机会的作战过程中，可能某种机会成为业界的主潮流，战线变粗，其他战线会慢慢变细，但也不必关闭别的机会。把有经验的干部调到主线作战，把一批新干部调到支线作战，继续进攻。前进的人来自多元化视角，并不是只有一条路线思想，他们带着有失败经验的思想在前进，我们就一定会爬到顶端。

同样是在 2015 年，华为在战略规划上对方法论进行了优化：在业务领先模型的基础上引入情景规划。

情景规划的方法论认为：未来是不确定的，必须从趋势看未来的机会和风险，站在后天看明天；看未来 10 年的趋势，做未来 3 年的规划。情景规划的假设包括但不限于：①未来是由不确定的多重场景构成的；②管理层必须接受这种不确定性；③接受多重场景再回头设定近期目标；④持续监控影响未来场景的各种变量；⑤不赌一种场景，对各种场景都要留几手。

基于以上假设，华为在战略打法上追求的不是单个场景如何取胜，而是通过场景组合获取整体收益最大化。2021—2022 年，华为先后组建成立了 20 个"军团"，正是把情景规划、适应型战略落地成组织新形态的体现。

波士顿咨询公司总结过适应型战略的成功经验，包括但不限于以下内容。

- **不要拿公司做赌注。**使用多个小型经济的试验做组合，不要在大型单一的项目上赌公司的未来。

- **速度高于准确性。**无论试验继续或终止，都要快速凝聚或释放资源。目标不可知或在变化时，详细的预先分析和精准的目标是对时间和资源的浪费。

- **频繁重复。**经过测试、评估、调整和进一步试验的循环，成功的信号就有机会出现，经常查看可以更快地适应节奏。

- **有章法地选择。**为选择及拓展有前景的试验提前制定清晰的规则，保证快速自我调整方向，并限制直觉对方向决定的影响及惰性。

- **从失败中学习。** 知道试验在不确定的情况下会失败，且失败会产生有价值的信息，借此指导将来要进行的新试验。

....

数字时代，企业制定业务战略，务必把环境要素放在第一位。企业是环境的产物，唯有融入环境才能获得生存机会。在数字化转型过程中，企业业务战略是数字化战略的龙头，前者牵引着后者，后者必须对齐前者。

随着时空变化，业务战略在变，数字化战略必须跟着变。以华为核心业务演进为例，三个时代的三种代表性产品——交换机、智能手机、智能汽车，对支撑其发展背后的数字化平台分别提出了稳定、敏捷、协同的要求。

点石成金 | 美国耶鲁大学学者约翰·刘易斯·加迪斯（John Lewis Gaddis）谈论战略时，用过狐狸和刺猬的隐喻。他认为如果把刺猬型思维理解为对目标和愿景的规划，把狐狸型思维理解为对自身能力的评估和调控，那么目标与能力的平衡即为战略。

刺猬在稳定的环境里能茁壮成长，狐狸更容易适应快速变迁的环境。战略的挑战之处恰恰在于：何时应该成为刺猬？何时应该成为狐狸？正如人们所期盼的勇气和智慧——有勇气坚守，有智慧放弃。当遇到这样的十字路口时，大多数人选择停下脚步观望，然而时代的脚步却没有停下，以至于曾经的领导者纷纷掉队。

美国著名作家、《了不起的盖茨比》作者弗朗西斯·菲兹杰拉德（Francis Fitzgerald）在 1936 年提出了一条检验标准："一流的智者，能够同时在脑海中持有两种相反的想法，并且仍然保持行动力。"然而环视周边，达到这个标准者，寥寥无几。

在本节最后，我再给读者分享一个小故事。华为董事会首席秘书江西生，于 1989 年加入华为。2013 年，华为高级顾问田涛采访他时，探讨了一个问题："任正非是一个复杂的人，还是一个单纯的人？"江西生的回答很巧妙："任总的复杂表现在策略上，单纯表现在目标上。"我当时看到这段访谈，脑海里浮现出加迪斯的刺猬和狐狸论，同时发自内心地佩服江西生——就凭这句话，他就具备担任首席秘书的智慧。

在不确定性环境中，在战略规划层面保持方向的大致正确，通过战略执行层面的组织活力弥补方向上的偏差，这也是任正非灰度管理的精髓。具体到每一家企业的数字化战略规划，切忌既缺乏最佳实践支持，又缺少传统意义上的专家，有效的规划成果一定是建立在专家和企业管理者共创的基础上的，别无他法。

---

* 在本节写作中，武常岐、董小英、马丁·里维斯、纳特·汉拿斯、詹美贾亚·辛哈、菲兹杰拉德、约翰·刘易斯·加迪斯、江西生、田涛、黄卫伟、潘少钦等专家的睿智洞察与独到见解对我影响较大，向这些数字时代的先行者致敬。

数字化转型的目标排序

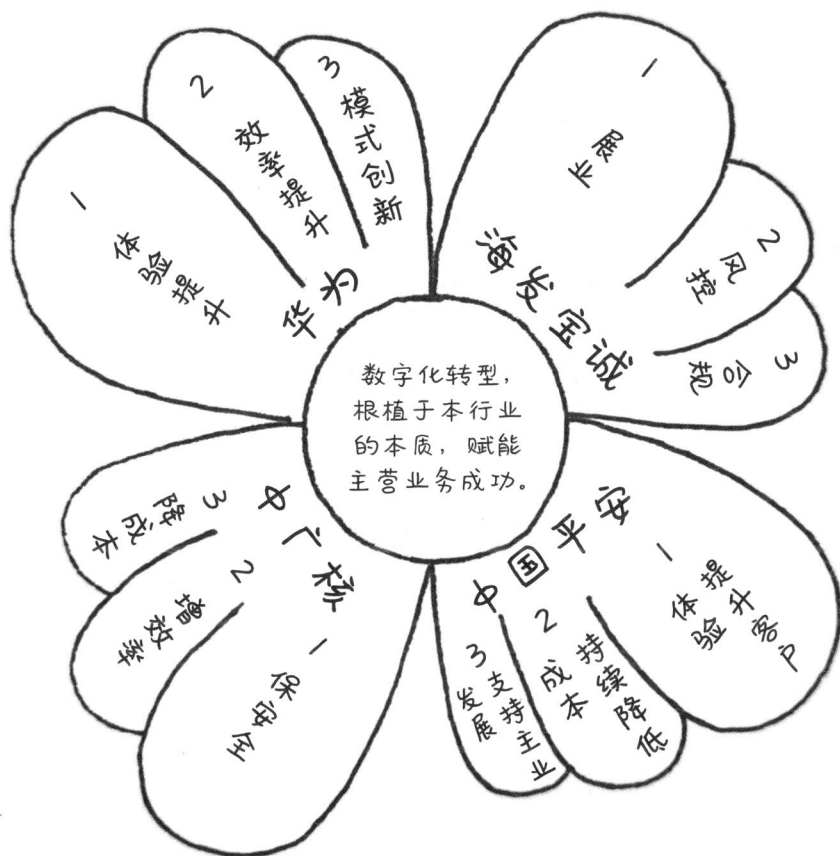

数字化转型，根植于本行业的本质，赋能主营业务成功。

华为
1 体验提升
2 效率提升
3 模式创新

海发宝诚
1 卡规
2 风控
3 分析

中国平安
1 提升客户体验
2 成本持续降低
3 支持主业发展

中广核
1 保本
2 增效
3 降成本

视觉呈现：山水 sunshine

05 数字化转型的目标排序：世界上没有完全相同的两片树叶

华为列为第一的这项目标，却不是你的目标

话题焦点 | 德国哲学家莱布尼茨说："世界上没有完全相同的两片树叶。"这句话用来形容不同企业的管理者所期待的数字化转型达成目标的迥异性，再恰当不过。本节探讨这个问题的意义在于：当数字化转型的目标没有达成共识时，我们的组织是不可能做到力出一孔的——尽管我们与那些赫赫有名的领先企业一同搭乘数字化转型的"高铁"，但终将奔向不同的前方。

他山之石

我在讲授"管理者的数字化转型"课程时，通常会在课堂上特意留出 15 分钟让学员们分组讨论目标问题：你认为自己所在的企业踏上数字化转型的"高铁"，要奔向何处？如果列举三个子目标，如何排序？我发现不同行业的管理者对数字化转型的目标期待迥异，这从子目标的排序可见一斑。

首先看看华为，华为对数字化转型的三个子目标做了如下排序。

子目标一：体验提升。 该目标主要是提升客户界面的体验满意度，从而促进企业主营业务的营业收入进一步增长。

子目标二：效率提升。该目标主要是提升企业主业务流的运营效率和核心运营能力，基于数据驱动而非经验驱动精准决策，进一步提升决策效率。

子目标三：模式创新。该目标主要是探索新的商业模式和运营模式，借助数字技术延展企业第二曲线以及相匹配的组织形态，比如 2017 年华为进军云计算业务，2021 年以来成立"华为军团"。

了解了华为数字化转型的三个子目标，读者就不难理解华为对数字化转型所下的定义了。

数字化转型，是企业以数据为核心生产要素、以新一代信息技术为主要生产工具，重构组织的生产关系，致力于客户体验提升、组织效率提升、商业模式创新的过程。

这里有必要向读者说明，为什么华为把"提升客户界面的体验满意度"列为数字化转型的第一个子目标？我们可以从华为由信息化走向数字化的历程找到答案。

1998 年，有感于通信设备是基于稳定的流程生产出来的稳定产品，华为在 IBM 的帮助下启动 IT 战略与规划（IT S&P）项目，基于流程驱动的思路开展了一系列管理变革，包括业界知名的集成产品开发（integrated product development，IPD）和集成供应链服务（integrated supply chain，ISC）。

2007 年，孟晚舟启动 IFS 变革，当时公司数据质量比较差，主要表现为：财经数据不准确且不易获取，全球化过程的财务稳健和回款无法保障，无法通过多维度、客户化的财务分析支持业务决策，重要财务与账务流程手工操作导致周期过长且不规范、业务控制、政策、流程与授权规范性差，未全球集成某些财经流程的角色等。华为决定同步启动数据治理工作，这个动作持续贯穿于 IFS 变革全过程，从 2007 年开始一直到 2014 年 IFS 项目关闭，8 年的艰难推动，最终获得较高质量的数据。

2016 年，华为基于流程驱动、数据驱动打下的基础，探索基于场景智能的数字化转型之路。场景思维和技术思维最大的差异在于，前者必须是对象可感知的，于是 5 类用户的体验提升就成为华为数字化转型最重要的目标，这 5 类用户包括客户、消费者、伙伴、供应商和员工。

经过以上梳理，读者可以看到，体验其实是高阶诉求，是在解决功能、性能之后的更高层面诉求，这与先吃饱再考虑吃好、吃得健康逻辑相通。我在"管理者的数字化转型"课堂上，经常提醒管理者："以你们企业当前的信息化和数字化基础，体验应该还不是排名第一的子目标，请不要邯郸学步。华为自 1998 年以来长达 25 年的持续锤炼，把流程、数据、系统等数字基建搞得差不多了，才把体验放在第一位。"

此外，华为总结出自身四大数字化场景——数字化作业、数字化交易、数字化运营、数字化办公。其中，数字化交易场景主要是改进 B 端客户交易的体验，聚焦客户或伙伴非常关心的产品供货周期，以及希望购买 ICT 的产品能像网上购物一样，发货快，能随时看到货品物流状态等需求。华为通过建设区域仓（regional distribution center，RDC），对核心客户提供系统直连，对商业客户的合作伙伴提供报价器和亿企飞 App 等工具，打造类电商的供应体验，把 B 端交易效率 C 端化，实现敏捷供应及订单物流全程可视、可信、可跟踪。

2022 年 9 月，在上海，我和中远海运旗下的海发宝诚融资租赁公司管理者曾探讨其数字化转型的三个子目标，他们经过分组研讨后，给出了普遍认可的排序。

子目标一：展业

- 摆脱低质、同质化竞争，朝着差异化、数字化的高质量发展方向前进，开辟新的业务模式和新的行业领域。
- 通过大数据和人工智能等技术的应用，提取某一行业客户典型特征，构建高效的获客能力，进行有针对性的差异化营销，提高业务成功率。

子目标二：风险控制

- 运用大数据处理、机器学习等技术，提高风险识别、额度授信、违约预测等风险控制能力。
- 利用物联网技术对租赁物设备实现远程监控和提前风险预警。
- 将内控规则、欺诈规则、反洗钱规则和客户黑名单嵌入交易流程，及时阻断恶意欺诈行为和洗钱行为。

子目标三：合规

- 合规红线不可触碰，应用新一代信息技术提升自身的数字化水平，更好地满足各方面监管的要求。

这家公司为什么是以上排序？为什么在展业后，把风险控制和合规放在这么重要的位置上？深入了解融资租赁行业的发展历程，我们就能快速理解它们的选择。

自 2004 年内资租赁试点以来，中国融资租赁行业一路高歌猛进，走上飞速发展的快车道。到了 2017 年，受国内外经济大环境、行业发展周期、部分租赁公司的激进操作、监管政策变化等诸多因素影响，这个行业的业务总量逐渐萎缩，发展增速明显放缓，租赁企业数量和注册资本金均有所下降，多家租赁企业走向倒闭或被并购。因此，行业内普遍达成共识：必须顺应整个行业回归租赁本源的大势，围绕主业的上下游产业链深耕细作，推动行业往"新四化"发展，即专业化、差异化、产融化、数字化。

由此，我们可以看到，对于一个处于整顿期且具有金融属性的国有企业而言，一方面要通过开展新的业务求存活；另一方面必须遵守风险控制和合规监管等内外部红线规范。相比身为制造业的民营企业的华为，海发宝诚对数字化的诉求有明显差异的目标排序，而华为的排序是体验提升→效率提升→模式创新。

融资租赁业属于非银行类金融行业，该行业从成立到整顿也就 20 年，整个行业仍有很大的探索空间。对于具有上百年历史的银行保险类金融行业，也对数字化有不同的诉求。

我们以中国平安为例。

中国平安保险（集团）股份有限公司（以下简称"中国平安"）于 1988 年成立于深圳蛇口，致力于成为国际领先的个人金融生活服务集团，保险和银行是其核心业务，其数字化转型的三个子目标及排序如下：

- 提升客户体验；

- 持续降低成本；

- 支持主业发展。

为什么是这个排序？这与中国平安所在的行业特征有直接关系。

一方面，经过上百年的发展，银行保险业已经非常成熟，风险控制和合规监管已经是题中之义，不用再特意强调，就像苹果公司在手机新品发布会上不再展示通话质量有多好等基本功能一样。

另一方面，银行保险业的业务也有 To B 和 To C 之分，中国平安定位为为个人金融生活服务，属于 To C 业务范畴。To C 业务的首要任务是比拼个人客户体验，需要比 To B 业务有更好的用户体验感，对标的是互联网标杆企业的服务标准。另外，相比 To B 业务，To C 业务有海量的客户，在获客和留存客户上，必须找到有效降低成本的服务方式。To B 业务聚焦服务排名前 N 名的客户是关键（比如华为创立后的头 20 年开展电信运营商设备业务就是 To B 业务，全球排名前 45 名的客户占公司总营收的 80% 以上，在中国只有中国移动、中国电信、中国联通三大客户，客户群非常聚焦），To C 业务则需要覆盖广泛的存量客户和增量客户，靠的是"薄利多销"，因此成本控制及持续降低成本对这门生意的可持续性就显得特别重要。这就是为何中国平安对数字化转型的子目标有以上排序。

最后再举一个例子，2022 年 8 月，我给中国广核集团有限公司（以下简称"中广核"）讲授"管理者的数字化转型"课程，探讨到数字化转型目标时，学员们普遍认同的子目标及排序如下：

- 保安全；
- 增效率；
- 降成本。

有一部分管理者认为子目标二和子目标三要调换顺序，也有一部分管理者认为子目标三应该更换为"新模式"，但是所有管理者一致认为子目标一是保安全。为什么？这是由核能发电行业的特性决定的。对核能发电而言，一旦出现安全事故，其后果不堪设想，这是红线。不管数字化转型带来多大程度的效率提升或成本降低，都必须把确保这条红线不被突破作为前提。这从中国广核集团阳江核电站"严、慎、细、实"的企业文化价值观中也得到了体现。

点石成金 | 通过对华为、海发宝诚、中国平安、中广核等企业的数字化转型子目标排序，我们可以得到一个启发：数字化转型的目标直接受到行业特征的影响。行业是企业生存的土壤，离开行业谈数字化转型是无根之木。千行百业的数字化转型，"术"虽各异，却遵从一个"道"，即遵循本行业的本质，赋能主营业务成功。

*在本节写作中，周良军、熊康、董小英、武常岐、陈文峰、邹来龙、肖京、方国伟等专家的睿智洞察与独到见解对我影响较大，向这些数字时代的先行者致敬。

降成本是能力

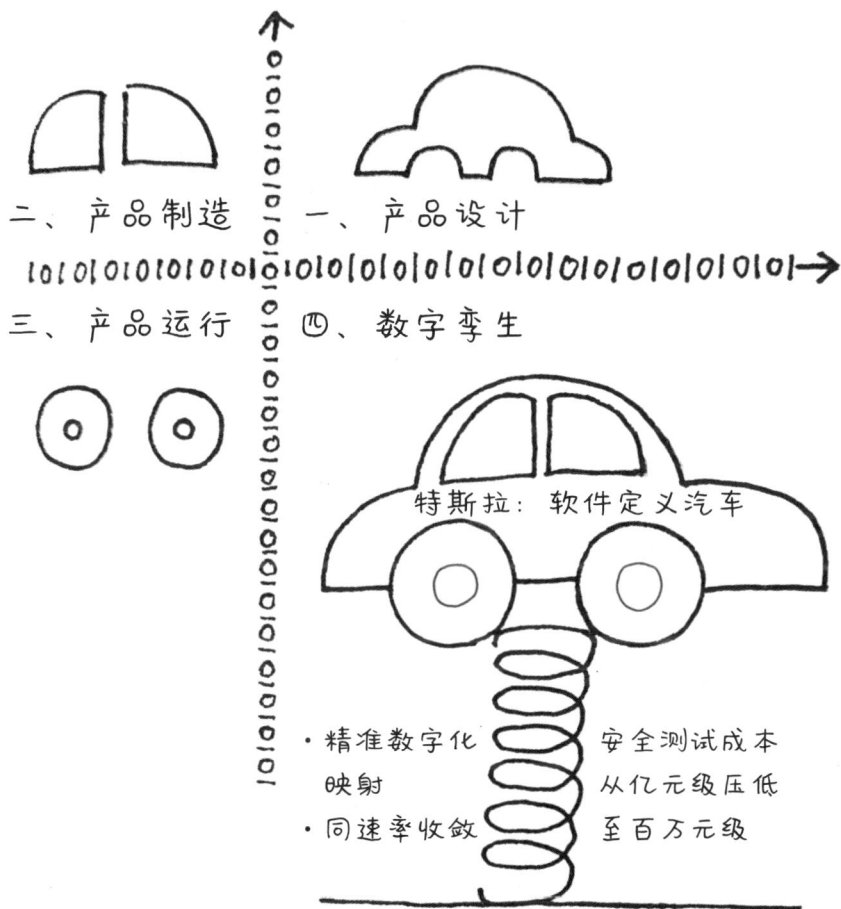

二、产品制造　　一、产品设计

三、产品运行　　四、数字孪生

特斯拉：软件定义汽车

· 精准数字化　　安全测试成本
映射　　　　从亿元级压低
· 同速率收敛　　至百万元级

视觉呈现：山水 sunshine

06

降价是决定，降成本是能力

50 万元价位的车，为何敢于一次性降价 16 万元

话题焦点 | 2021 年元旦，特斯拉放大招，宣布正式开售国产 Model Y，50 万元价位的车，最高狂降 16.51 万元。消息一出，特斯拉门店被"挤爆"，特斯拉官网订单页面由于访问量激增也被"挤崩"了。

他山之石

关于这个故事，我猜测读者可能对两个问题感兴趣。

第一个问题：好端端的，特斯拉为什么要降价？

这个问题的深层次考量，可能只有特斯拉的老板埃隆·马斯克知道。但对汽车行业而言，当前的普遍认知是"量定生死"法则，即一家汽车厂商在市场上已售汽车的规模，决定这家汽车厂商未来的生死。无论是对供应商的议价能力，还是对潜在客户购买决策的影响力，这一法则都符合著名的梅特卡夫定律：网络价值等于该网络内节点数的平方，且该网络的价值与联网的用户数的平方成正比。因此，计划放长线钓大鱼的厂商，更愿意牺牲眼前的小利进而追求长远的大利。

特斯拉也是如此，通过降价直接让利给客户，把市场上的特斯拉汽车保有量迅速拉起来，压制"蔚小理"⊖和传统汽车厂商的市场围攻。据民生证券预测，2030年特斯拉将有1800多万存量车主用户，尽管2021年特斯拉的销量再创新高，全球销量也只有94万辆，离1800万辆总目标还有较大距离。

第二个问题：特斯拉为何可以做到一次性降价这么多？

从学习特斯拉的角度看，我认为第二个问题比第一个问题更有建设性。

是否降价，除了市场营销策略所需，另一个更重要的因素是该厂商的盈利能力。我们把特斯拉和同为上市汽车厂商的比亚迪做一个比较：根据两家车企2022年第一季度财报，特斯拉汽车业务的毛利率是32.9%，比亚迪汽车的毛利率是12.4%；特斯拉汽车的单车净利润是1.07万美元，比亚迪汽车的单车净利润则低很多。上海证券估算比亚迪汽车的单车净利润是2400元，中信证券的估算更少，只有1356元。如果按中信证券的估算值，那么比亚迪汽车单车净利润只有特斯拉汽车单车净利润的1/55。很多汽车厂商的毛利率和净利率偏低，对供应商的议价能力也偏弱，其盈利模式支撑不了大幅度降价。

因此，我们可以得出一个结论：降价是一个决定，降成本是一种能力。大部分时候，降价只需要公司管理层商议后做出决定即可。为何决策者签署降价决议的笔迟迟落不下去？因为企业自身不具备降成本的能力，卖得越多，亏损得越厉害，离出局也更近一步。

汽车工业是一个复杂的工业领域，链条长，分割利润的节点很多，整体成本很难降下来，因此对传统汽车厂商而言，对50万元价位的车一次性降价3万~5万元已经是破天荒了。

⊖ 蔚来汽车、小鹏汽车和理想汽车三家车企的合称。——编者注

为何特斯拉可以一次性降价 16.51 万元呢？关键答案在于六个字："软件定义汽车"。

汽车是不断集成最新科技成果的产品，是所有消费品中唯一需要获得牌照（即驾照）才能使用的特殊消费品。自 1886 年世界上第一辆汽车诞生以来，汽车产品已至少迭代了三代，即 1.0 时代——机械定义汽车；2.0 时代——电气定义汽车；3.0 时代——软件定义汽车。当前，汽车正处于 2.0 时代向 3.0 时代急剧迁移的路上。

我们通过一个小案例，感受一下软件定义汽车给这个产业的成本方面带来的巨大颠覆。

在消费者提到一款车之前，这款车必须经过安全碰撞测试环节。对于 2.0 时代的汽车，每款车的测试车数量在 150 辆左右，而每一辆测试车因为装载价格高昂的测试设备、摄影机和各类传感器，成本约为 100 万元，因此仅测试车的成本就高达 1.5 亿元左右。作为 3.0 时代汽车的引领者，特斯拉采用截然不同的安全测试方法来大幅降低安全测试成本：通过在线软件模拟碰撞测试 800 次乃至上千次，最后在物理世界验证 1 次，因此整体安全测试成本迅速从亿元级下降为百万元级。

特斯拉的这种安全测试方法，与计算机行业的专业术语——数字孪生（Digital Twins）相对应。关于这个术语的定义有多个，我认为比较符合特斯拉这个场景的定义如下。

所谓数字孪生，以数据与模型集成融合为核心，通过在数字空间实时构建物理对象的精准数字化映射、同速率收敛，形成物理对象整个生命周期的集成视图，基于该视图分析预测形成综合决策，实现业务流程的闭环优化。

我想就这个定义给读者画两个重点："精准数字化映射"和"同速率收敛"。这也是数字化与信息化最关键的区别：前者是过程的数据化，后者是结果的数据化。如果只是结果的数据化，仅仅是对过去状态的事后记录，并非进行时，就谈不上实时反馈调整。相反，只有基于过程的数据化，在数字空间实时构建物理对象的精准数字化映射，尤其是数据的同速率收敛，我们才能对该对象的行为走向进行预测跟踪、实时控制和适时调整，形成数字空间和物理空间的孪生效应。

我比较赞成林雪萍使用四象限所描述的"数字孪生"：第一象限是产品设计态，第二象限是产品制造态，第三象限是产品运行态，当前的核心挑战在于以上三个象限互相不知道对方的状态，数字孪生属于第四象限，通过数据的"精准数字化映射""同速率收敛"实现对设计态的实时反馈、对制造态的实时反馈以及对运行态的实时反馈，从而成功跨越产品全生命周期的虚实分界线和供需分界线。

2021 年 10 月，特斯拉公布了 Model Y 的安全碰撞测试视频，一辆客货两用汽车撞击 Model Y 的数据和在线碰撞的数据一致，验证了数字孪生模型的有效性。我在"管理者的数字化转型"课堂上，经常以这个视频作为课程开篇，也引发了企业管理者的感慨：科技带来的生产力改变不是百分之几十，而是一两个数量级的提升。

无独有偶，华为的芯片设计公司海思，也使用了同样的方法来降低成本。在从芯片设计到量产的全过程中，试生产环节的成本很高，一颗 7 纳米的芯片一旦试生产失败，成本约 2 亿元；一颗 5 纳米的芯片一旦试生产失败，成本约 3 亿元，且随着芯片制程越低，失败成本和失败概率就越高[⊖]。像特斯拉那样采用数字孪生技术，则可以在数字世界低成本模拟仿真完成上千次，最后在物理世界做一次验证即可，整体流程成本可以得到很好的控制。

点石成金 | 市场的竞争，打到最后就是成本的竞争。

假如我们不具备应用新技术降成本的能力，仅仅依靠员工的省吃俭用，是无法持续的。正如华为总裁任正非所说："靠节约是节约不出一个华为公司的。"持续改进生产工具，通过新一代数字技术的应用提高生产力，企业才能在激烈的市场竞争中更加从容。

* 在本节写作中，唐湘民、李翔、林雪萍、熊康、郭为等专家的睿智洞察与独到见解对我影响
  较大，向这些数字时代的先行者致敬。

⊖ 华为企业架构与变革管理部 . 华为数字化转型之道［M］. 北京：机械工业出版社，2022.

六步释放企业数字生产力

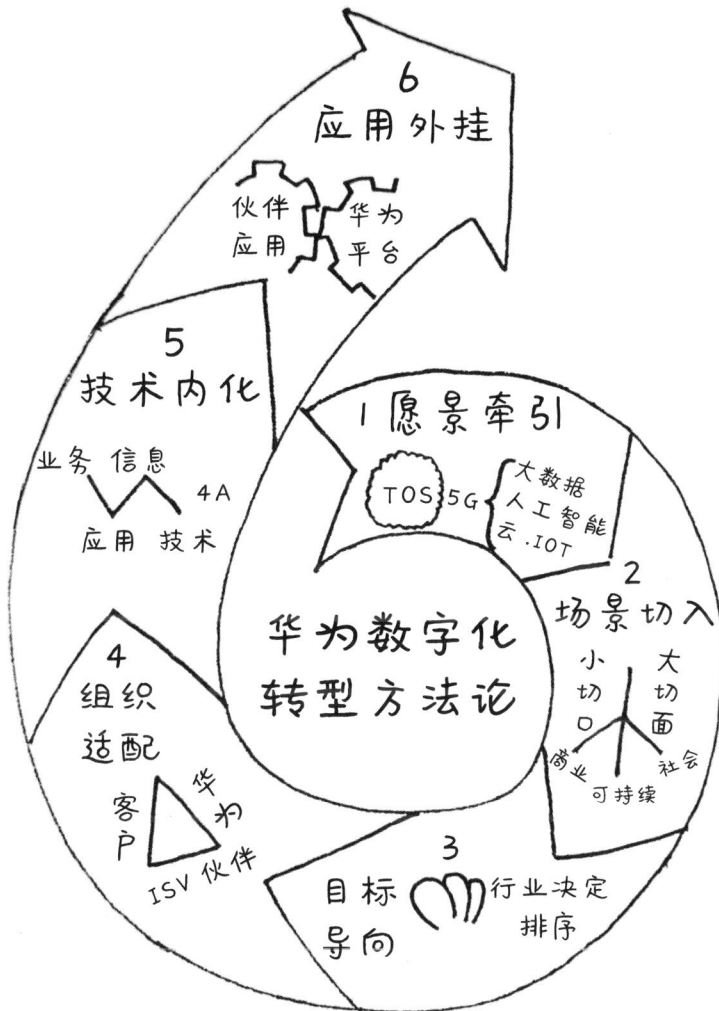

6 应用外挂
伙伴应用 华为平台

5 技术内化
业务 信息 4A
应用 技术

1 愿景牵引
TOS 5G 大数据 人工智能 云.IOT

华为数字化转型方法论

2 场景切入
小切口 大切面
商业 可持续 社会

4 组织适配
客户 华为伙伴 ISV伙伴

3 目标导向 行业决定 排序

视觉呈现：山水 sunshine

61

07

六步释放企业数字生产力

华为如何帮助行业客户推进数字化转型

话题焦点 | 在《华为数字化转型：企业持续有效增长的新引擎》一书中，华为前首席信息官（CIO）周良军和我解析了华为自1998年以来信息化/数字化的历程，并总结了华为开展数字化转型的方法论。在"管理者的数字化转型"课堂上，我常常被问到一个问题：华为除了自身拥抱数字化，又是如何帮助其他行业的客户开展数字化转型的？本节聚焦一个话题：华为行业数字化转型方法论。

他山之石

华为认为，企业数字化转型的成功率低，主要由三个方面造成：在顶层设计上不全面、不系统；在技术架构上不完整、不匹配；在落实措施和执行的过程中不到位。

为了克服这三个问题，华为通过不同行业、不同企业的联合实践，摸索出一套行业数字化转型方法论，这套方法包含以下6个步骤：

- 步骤1：愿景牵引；
- 步骤2：场景切入；

- 步骤 3：目标导向；

- 步骤 4：组织适配；

- 步骤 5：技术内化；

- 步骤 6：应用外挂。

简要概述，企业开展数字化转型首先必须有愿景牵引，其次要找到一个合适的场景切入并有明确的目标导向，同时要找到 ISV[○] 应用开发伙伴和华为这样的原生态技术供应方形成"铁三角"组织适配，最后加上技术内化和应用外挂。

在 2022 华为全联接大会上，华为公司高管吴辉对这套方法论做过系统性解读，我结合自身在华为工作期间通过规划咨询服务方式帮助行业客户的实践经验，择其精华与读者分享如下。

步骤 1：愿景牵引

企业的任何转型，都是从企业家的愿景开始的。数字化转型取得成功的企业，虽然行业不同，但都有一个共同的前提：高层领导特别是一把手有强烈的转型意愿，敢闯、敢试、敢投入。一把手的口头重视并不能改变企业的管理现状，只能在心理上引起员工的"重视"、口头上的响应，而非行动上的真心实意参与。我们总结发现：口头重视数字化的企业，头痛医头脚痛医脚，上线了不少数字化系统，但鲜有全局性成功。只有高层亲自参与，制定转型战略和描绘转型愿景，并分步实施落地；在过程中敢于试错，遇到挫折时坚定不移地投入资源，这样的企业数字化转型才有可能取得卓越的成效。

可以说，企业的数字化转型首先源自企业高层的强烈意愿。

○ ISV，英文全称 independent software vendors，意为独立软件开发商。

华为有一个重要的行业客户：天津港。一开始，华为以为这家企业只是想做一个基于 5G 技术的港口作业效率提升项目，接触下来发现，不是这么简单，客户董事长告诉华为领导，是因为两个梦想在牵引。

第一个梦想，这位董事长从事港口事业近 30 年，从他参加工作的第一天开始，就梦想打造一个无人港口、黑灯港口。因为港口是劳动密集型产业，高密度且大吞吐量的作业模式有较大的危险性，场内货车司机很容易因为疲劳驾驶导致事故。

第二个梦想，把天津港打造成一个世界级标准的集装箱码头。目前集装箱码头的全球标准来自荷兰的阿姆斯特丹，而天津港希望打造一个来自中国的、具有数字时代特征并且能够推向世界的集装箱码头生产管理系统（teminal operating system，TOS）。

正是这样的愿景，激发了天津港启动面向未来的规划，开始找场景，找技术，大胆进行组织和流程变革与创新。

从 2018 年到今天，天津港与华为一起实现了很多技术创新。通过 5G 实现无人吊装，减少堆场上的人员，实现了场内的无人自动驾驶……通过 5 年不断试错，天津港真正构建起企业数字化转型的崭新形象，一个基于大数据、人工智能、云、物联网等新技术组合的世界级港口标准也因此有了诞生的基础。

通过这个案例，读者可以看到，数字化转型之路上，企业之所以敢于创新和具有长期主义的战略耐心，根源是企业家的愿景在持续牵引。

步骤 2：场景切入

生产力藏在场景中。数字化转型光有愿景还不行，必须把愿景落到一个个小场景，进而组合成一个大场景，因此找准场景非常重要。可以说找准、找到有价值的有效场景是一切数字化转型成败的关键。

华为对场景的选择，主要基于商业价值、社会价值、可持续发展价值三个方面的价值考量。

商业价值，是指企业的领导者、管理者和员工马上就能感受到的价值。这类价值经常隐藏于"三高"（高频次、高能耗、高风险）场景。首先是高频次场景，即高频次重复发生的业务场景，每次发生的步骤、逻辑和结果是类似的；其次是高能耗场景，这里的"能耗"不是能源消耗，而是那些影响整体成本、整体效率的关键场景——海量重复的业务作业中投入资源多但效率较低的环节，而且这种场景下资源消耗往往随着业务量的增多呈线性增长趋势；最后是高风险场景，即那些人工作业产生错误的概率很高，或者一旦产生错误带来的负面影响公司无法承受的场景。找准这些场景，能够提升效益，降低成本，增加企业收益，产生立竿见影的效果。

社会价值，是指改善员工或合作伙伴的工作环境，把员工或合作伙伴从危险工作场景中解脱出来，减少生产安全事故，改善和治理好城市环境，促进社会资源高效利用等。华为成立的 20 个"军团"对应的行业，普遍是传统行业，属于劳动密集型行业，人工劳作有一定的危险性，对环境不友好等，华为与处于这类行业的企业做生意，不见得能赚到快钱，但对社会有价值。

可持续发展价值，主要从华为的客户角度考量，是指企业客户的数字平台安全可靠，架构可持续迭代，能够基于企业自身发展规模进行弹性灵活扩展，应用生态可持续迭代。尤其是在复杂的国际环境下，企业的应用系统构建在可信安全的根技术平台上持续演进，避免被"卡脖子"，这也是对华为客户企业数字化投资的一种关键保护。

华为这样帮助行业客户聚焦三大价值场景，力争做到"小切口、大切面"。什么是"小切口、大切面"？通俗理解，它是指通过一个很小但很深的切口解决较大切面的问题。因为切口很小，所以对整体的影响很小。数字化转型不是一蹴而就的，它由一个个子项目、一个个子场景组成。华为主张把一个个子场景打穿、打透，而不是追求很复杂、面很大的场景，因为如果同时铺开全面实施数字化，虽然可能一鸣惊人，但毕竟是小概率事件，而带来多米诺骨牌连锁性负面影响的概率更大，甚至导致全面失控。因此，华为在选择速赢点（quick win）时，很注重选择负面影响小的场景，同时着力把场景做深、做透。

步骤 3：目标导向

企业选择了场景后，要建立起对应于每一个场景的转型目标；当这个场景要达到多项子目标时，就需要对子目标进行排序。我在本书"数字化转型的目标排序：世界上没有完全相同的两片树叶"那一章，通过对华为、海发宝诚、中国平安、中广核等多家企业对数字化转型子目标的排序案例解析，揭示了一个重要结论：不同场景的目标导向及子目标排序，直接受到行业特质的影响。具体内容请读者参考本书相关章节，这里不再赘述。

步骤 4：组织适配

一家企业要实现数字化转型的目标，虽然是以"我"为主，但不能只靠自己的力量，必须借助外部的力量。那么，需要哪些角色参与进来？每一类角色贡献什么价值？

华为基于多年的探索和实践总结，认为要构建客户、ISV 伙伴和华为三方联合的创新组织，形成"铁三角"。因为三方都有能力短板，懂行业的不懂数字化，懂数字化的不懂行业，所以要充分发挥三方各自的优势：客户有清晰的发展规划和对业务深度的理解，并且知道自己的梦想、愿景和痛点场景；ISV 伙伴在行业里耕耘多年，积累的行业服务经验对数字化转型的成功不可或缺；华为则是全栈的 ICT 公司，基于 ICT 软硬件技术和产品组合，能给客户提供一个全方位的解决方案。另外在根技术层面，包括 IPV6+、5.5G、鸿蒙、欧拉、鲲鹏、昇腾及昇思都是华为特有的，能够把客户的应用系统部署在安全的技术平台上。

以上三方如果有效结合，将会使数字化生产力得到释放。另外，本书其他章节讨论到：华为为了快速集结资源、提高决策效率、实现短链条运作，于 2021—2022 年成立了 20 个"军团"，把复杂留给自己，把简单留给客户和 ISV 伙伴，更好地解决了数字化转型过程中的难题，这也是组织适配的关键举措。

步骤 5：技术内化

有了愿景、场景、目标和组织，接下来非常重要的一步是技术内化。技术内化是企业架构规划的核心工作，如果这一步没做好，那么启动众多的数字化项目就是一盘散沙。

先讲一个失败案例，我国东北地区有一家大型企业，虽然是世界 500 强，但属于并购增长而非内生增长，即俗称"先有儿子再有爸爸"的类型。因为领导每三年就要轮换一次，因此在数字化转型上追求短期效果，没有耐心去做架构规划——虽然局部的几个系统有亮点，但流程没打通，数据没打通，打通率在 30% 左右，到处是"烟囱"和"孤岛"，数字化转型步履艰难。我当时看到这个案例，内心甚是感慨：只有在稳定、肥沃的"黑土地"上，才能持续长出好庄稼。这个"黑土地"就是企业架构。

企业架构规划的核心方法论是"4A"，即从业务架构（business architecture，BA）、应用架构（application architecture，AA）、信息架构（information architecture，IA）和技术架构（technology architecture，TA）四个方面入手。

业务架构是对业务逻辑的结构化表达，描述企业如何运用业务的关键要素实现其战略意图和目标，识别哪些能力可以通过引入数字技术进行业务模式重构。

应用架构定义了支撑业务目标达成所需的 IT 系统，以及这些 IT 系统和周边关联 IT 系统的集成关系。

信息架构以结构化的方式描述在业务运作和管理决策中所需要的数据 / 信息，以及这些数据 / 信息之间相互关联的一套整体组件规范。

技术架构定义了一系列技术组件、IT 平台和基础设施资源，明确企业应该引入哪些技术，以及该技术在公司部署所需的配套基础环境。

这四个方面密不可分，单从任何单一视角都无法解决业务问题，需要进行集成架构设计。

华为给行业客户提供数字化转型赋能时，以客户为主，基于企业愿景、战略和业务本质规划业务方向，得出业务架构；进而以 ISV 和 SI[○]为主，基于业务责权和数据流动，解耦出企业需要哪些应用，明确业务运行的应用架构；应用架构则需要被翻译为企业信息架构，建立统一的数据标准。以上过程华为都会参与，但华为聚焦的是用技术内化的手段支撑客户技术架构的设计与建设，让技术匹配业务战略、融入业务场景，这是华为独特的价值。在技术架构的规划方面，华为把全栈 ICT 进行聚合，帮助客户由内而外生成数字平

○ SI，全称 service integrator，意为业务集成商。

台，对准复杂的硬件平台、软件和算法平台，将它们封装成简单的对外接口供调用，让客户和伙伴能在不同场景的数字化建设中直接、高效使用业界数字化能力，站在千行百业已经探索出来的成果基础上进行创新。

以上 4A 过程用一个案例来说明，比如，一个港口要走向数字化。顶层的业务架构是港口的作业规划；作业规划又分解为吊机、货运、堆场等子场景和子系统，这些子系统必须做应用架构；如何将不同的子系统连在一起，再向上做成港口操作系统进行运营调度，就是信息架构要思考的工作；基于这个信息架构再向下，是技术底座，包括云平台、计算、存储、网络、安全等，为了技术统一性，背后必须有技术架构做支撑。

2022 年 12 月举办的顺德高新技术企业协会会员大会，我受邀做"数字化转型战略规划"的主题报告，在报告的最后，我引用星巴克创始人霍华德·舒尔茨（Howard Schultz）的一句话强调架构的重要性。这位享誉全球的传奇企业家说："如果你想盖 100 层的大楼，你先要打能够支撑 100 层大楼的地基。"对企业的数字化转型而言，这个地基就是企业架构。不注重企业架构的企业推进数字化转型，必将是建了拆，拆了建，建了又拆，反复折腾，成效甚微。

步骤 6：应用外挂

"应用外挂"是指应用程序可以挂在多平台上运行，与网络解耦，与底层技术平台解耦。有些企业客户担心用了某厂商的技术底座后被"捆绑"，于是华为特别提出这个理念，采用外挂的方式打消客户疑虑——如果客户感觉华为的技术底座不好用，可以随时选择"下车"。

华为的"应用外挂"，是 2011 年华为刚开展政企业务时提出的"被集成"

战略的延续，体现了"有所为，有所不为"的大厂风范，既有底层技术的自信，又有较强的边界感。

"有所为"，是指针对价值场景，发挥华为在连接、计算、云等数字技术方面的优势，只做软硬件的复杂技术平台。

"有所不为"，是指华为有清晰的行动边界，坚持"被集成"策略，坚持不触碰客户的应用和数据，坚持自身不开发应用而由合作伙伴开发的原则，发挥合作伙伴对行业的理解力，帮助客户系统化解决问题。

点石成金 | 华为行业数字化转型方法论的六个步骤，尽管带有厂商的商业视角，但我认为对读者极具借鉴价值。

华为认为，数字化转型的本质是创新和变革。首先，客户高层要有强烈的意愿，并制定数字化转型的愿景和战略。其次，围绕战略选择合适的场景，制定目标，并由客户、伙伴、华为共同构建联合创新组织，根据企业架构匹配相应的技术，由伙伴打造贴近业务的应用。最后，客户有数字化转型战略，伙伴有沉淀多年的行业经验，华为拥有全栈ICT、安全可靠的根技术且善于整合多种产品与多种技术，三方发挥各自优势，释放数字化生产力，共同创造商业价值、社会价值和可持续发展价值。

* 在本节写作中，吴辉、周良军、秦卓、王浩渊、陈帮华、王涛、李克武等专家的睿智洞察与独到见解对我影响较大，向这些数字时代的先行者致敬。

中篇

管理变革力

"数字化转型"之难

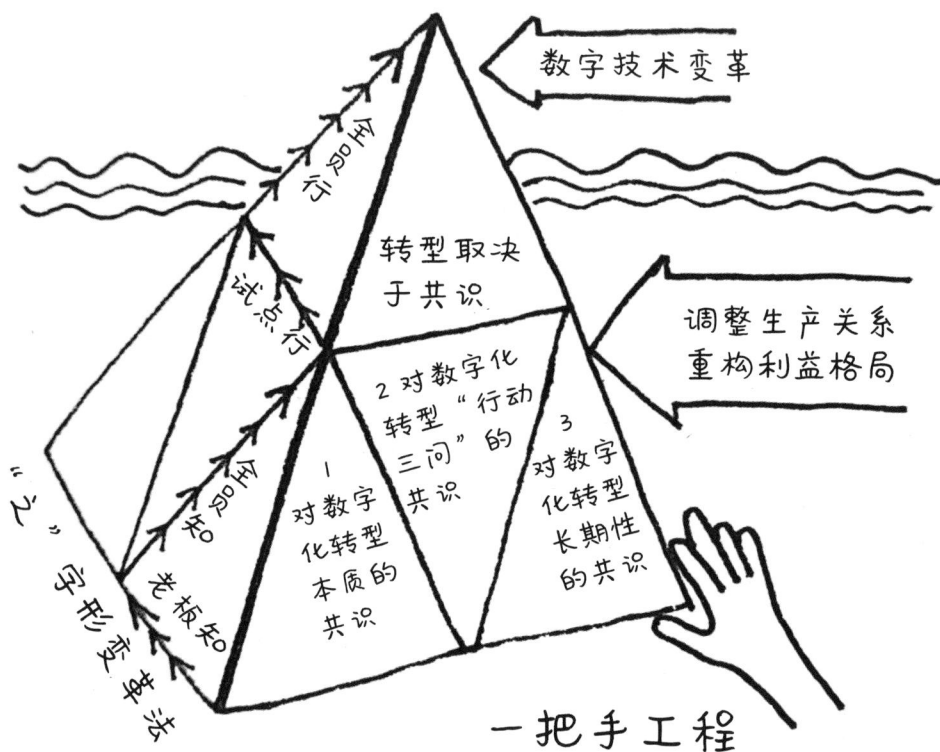

数字技术变革

调整生产关系
重构利益格局

转型取决
于共识

2 对数字化
转型"行动
三问"的
共识

1
对数字
化转型
本质的
共识

3
对数字
化转型
长期性
的共识

行知用

试点行

知用知

老板知

"之"字形变革法

一把手工程

视觉呈现：山水 sunshine

08

"数字化转型"之难，不在于"数字化"，而在于"转型"

从中国历史四场著名变革到华为"之"字形变革

话题焦点 | 通用电气公司（General Electric Company，GE）是美国的跨国综合企业，由发明家托马斯·爱迪生（Thomas Edison）创立于1892年，至今有130年历史，主营业务覆盖医疗、航空、能源、运输、金融等领域。2001年，杰夫·伊梅尔特（Jeffrey Immelt）从被誉为"全球第一CEO"的杰克·韦尔奇（Jack Welch）手中接过GE董事长的帅印，非常想做出一番成就，而不是固守前任留下的江山。

经过十年的准备，杰夫·伊梅尔特终于行动了。

2011年，杰夫·伊梅尔特推动GE走向数字化转型之路。

2012年，GE首次提出著名的"工业互联网"概念。

2013年，GE推出工业互联网平台Predix，制订了雄心勃勃的数字化计划：服务GE自身，要实现卓越制造；服务GE

客户，要提升客户成效；服务世界，要使 Predix 工业互联网平台成为工业操作系统，赋能全世界的工业企业。

2015 年，GE 数字化部门成立，GE 也为这个部门制定了一个宏伟目标：五年内软件及相关服务销售额超过 150 亿美元，2020 年跻身全球十大软件公司之一。从中不难看出，杰夫·伊梅尔特的战略变革方向：希望把 GE 定位为软件公司而非工业制造企业。

然而，GE 在数字化方面累计投入超过 40 亿美元，并没有带来股民期望的财务回报，上述目标基本没有实现，GE 数字化部门的收入主要来源于其他部门，商业模式并没有在外部市场中形成闭环。

2017 年，GE 经历了前所未有的股价下跌，市值蒸发超过 1000 亿美元，主导 GE 数字化转型的董事长杰夫·伊梅尔特在年底被迫辞职。

2018 年年底，GE 正式剥离数字化业务，从致力于工业互联网开放平台的建设，回到聚焦自身制造业务上，长达八年的数字化转型之路宣告失败。

GE 数字化转型失败并非孤案。2021 年全球著名咨询公司埃森哲和中国国家工业信息安全发展研究中心发布的报告显示：中国领军企业开展数字化转型成效达到预期的，只有16%。这意味着，即便那些要资金有资金、要人才有人才、要顾问有顾问、要技术有技术的领军企业，开展数字化转型也依然困难重重，超过八成没有达成管理者的变革预期。这不得不让我们思考一个问题：数字化转型，究竟难在哪里？

他山之石

我写书或讲课，一向不喜欢卖关子、绕圈子。关于这个问题，我先把自己的结论抛出来："数字化转型"之难，不在于"数字化"，而在于"转型"——"数字化"解决的是生产工具的升级换代问题，"转型"解决的是生产关系重新达成共识的问题。这并不是说生产工具的升级换代不艰难，而是因为生产关系重新达成共识的难度，比生产工具升级换代的难度复杂得多。

人类区别于其他动物最重要的标志，是人类会使用生产工具。但具体到个人，绝大部分工具都不是我们自己制造的，而是使用别人／前人已经无数次使用过、验证过的工具。这就像我们并不需要重新制造汽车轮子、不需要重新研究汽车发动机，只需要会开车，就可以享受汽车带来的巨大便利——工具之美，在于应用。

人类的协作产生了生产关系。然而，有人的地方就有市场、有利益、有价值观，这个是动态的，比生产工具的"物"本身的静态性复杂得多。

正因如此，如果企业在数字化转型时能梳理清楚生产关系，则生产工具可以由大量的专业人士提供，供企业选择。毕竟，在应用这些生产工具之前，已经有无数的企业使用工具并留下了丰富的经验教训，已足够企业驾驭工具这个静态"物"。

2021年，华为首席信息官在公开演讲时有过一个论断：任何不涉及流程重构的数字化转型，都是在装样子。这句话很快被媒体注意到并解读。对这句话的意思，我理解为数字化转型一定不是以生产工具为核心的，而是以生产关系的调整为核心的——流程重构的背后是利益格局的重构。就像"现代管理学之父"彼得·德鲁克（Peter Drucker）把自己定位为社会旁观者，因为管理的基础是人和社会，人是指自然人，是具有个体人性状态下的"人"，讲究"人性"；社会是指人在群体中的生存状态，讲究"社会性"，谈论"管理"而不谈"社会"就是纸上谈兵。

数字化转型是一项非常复杂的变革工程，推动这项变革犹如移动一座冰山。大多数人只看到冰山在蓝天、白云映射下的美，却没有看到冰山下的凶险，因此没有敬畏之心。冰山露出水面的部分是显而易见的数字技术变革，但这是生产工具；冰山藏在水面之下的部分则是企业内部、上下游伙伴的生产协作、利益交易，这才是生产关系。为了移动整座冰山，企业必须付出足够耐心调整水面下的那一部分，否则冰山很容易分崩离析。

大多数企业数字化转型之所以失败，最常找的托词是数字技术和企业自身的业务不匹配，其实不是因为技术与业务不匹配，也不是技术专家不懂业务，而是转型改变了水面下的利益格局引发反弹。变革主导者往往高估了转型后的美好愿景，而低估了那些被动了奶酪的人所形成的巨大阻力。利益既得者不支持变革，新的权责利分配机制没有达成共识，进而以技术专家不懂业务为由拒绝变革。公司规模越大，公司成立时间越长，路径依赖现象就越明显，利益格局的板结状态就越严重，数字化转型的推动难度就越大。

关于这一点，读者可以从中国历史上著名的四场变革中得到经验和教训。

在讲他们的故事之前，对用词先达成共识：中文语境中的"变革""转型""变法"，对应的英文是 transformation，在本书中我们将它理解为同一个意思。

这四场著名变革有一个共同点：拥有一个热烈拥抱变革的幕后老板（Sponsor），以及一个深得老板信任、身兼总架构师（System Architect）及项目经理（Project Manager）的变革者。

距今 2300 多年前，一场著名的变法正在秦国展开，如果视变法为一个行为项目，则项目经理是商鞅，其幕后老板是秦孝公，史称"商鞅变法"。

距今 950 多年前，又一场著名的变法在北宋拉开序幕，项目经理是政治家兼文学家王安石，幕后老板、皇帝宋神宗给予这场变革大力支持，史称"王安石变法"。

距今 450 多年前，明朝中晚期，首辅张居正亲自担任项目经理，在幕后老板、万历皇帝朱翊钧的大力支持下掀起一场改革，史称"张居正改革"。

距今 120 多年前，晚清末年，年轻的光绪皇帝试图力挽狂澜，启用康有为担任项目经理，史称"戊戌变法"。

当我们复盘这四场变革，不难得出一个共性结论：中国历史上任何一场变革，都因为改进生产工具、提升生产效率而得到民众的拥护，却也都因为改变生产关系、重塑利益格局不当而被利益既得者强烈抵触乃至扼杀。

华为是一家将变革常态化的公司，任正非很注重以史为鉴，曾对此评述如下。

我们纵观中国历史上的变法，这些变法虽然对中国社会进步产生了不灭的影响，但大多没有达到变革者的理想状态。我认为，面对他们所处的时代环境，他们的变革太激进、太僵化，冲破阻力的方法太苛刻。如果他们用较长的时间来实践，而不是太急迫、太全面，收效也许会更好一些。其实就是缺少灰度。方向是坚定不移的，但并不是一条直线，也许是不断左右摇摆的曲线，在某些时段来说，还会画一个圈，但是我们离得远一些或粗一些来看，它的方向仍是指着前方。

以上四场变革的项目经理，结局都不好。商鞅被五马分尸，王安石在变法失败后郁郁而终，张居正被抄家，康有为被迫逃亡。可以说以上四位项目经理在各自的时代开展变革时，最具备"人和"条件的是张居正——幕后老板万历皇帝是他的学生，对他提出的举措言听计从（万历皇帝10岁即位，张居正是其老师，被称为"万历首辅"），但他最终未能善终。

因此，华为的每一场变革，包括信息化改造、数字化转型，都遵从"之"字形变革法，聚焦共同目标，顺着如下路径演进：老板知→全员知→试点行→全员行。中国很多企业变革的失败教训：从"老板知"到"全员行"，中间没有切换轨道，也就是在"之"字形变革法[○]模型中直接从"老板知"跨到"全员行"，把"全员知""试点行"都省略了，操之过急，欲速则不达，失败概率极高，最后连变革主导者自身都沦为变革的牺牲品，让人扼腕叹息。

在华为成长史上，遵从"之"字形变革法最典型的案例是《华为公司基本法》的起草。这份文件全文一共才1.6万字，于1996年3月开始起草，在

○ 关于华为"之"字形变革法，在拙作《华为管理之道：任正非的36个管理高频词》中有详细解读，感兴趣的读者可以参考。

1998 年 3 月正式颁布，历时三年，八易其稿，动员了公司上下几千人展开多轮讨论，深入人心。然而，任正非却对此做出非常深刻的评价："《华为公司基本法》颁布的那一天，也许是它完成历史使命之时，因为它已融入华为人的血脉。"

从文件起草本身的难度看，用不了横跨三年时间这么久，但这是开展"全员知"的"松土"过程，是在对新的生产关系达成共识的过程，急不来。经过《华为公司基本法》的"松土"后，华为于 1998 年开始引入 IBM，走上了浩浩荡荡的企业变革之路，包括 IT 战略与规划（IT S&P）、集成产品开发（IPD）、集成供应链服务（ISC）、财务"四统一"、从线索到回款（leads to cash，LTC）、集成财经服务（IFS）等。

2008 年 2 月 29 日，华为管理变革十周年纪念日，华为举行了 IBM 优秀顾问答谢宴会，感谢自 1998 年以来帮助华为变革的 IBM 顾问们。1998—2003 年，IBM 公司派驻华为负责华为与 IBM 咨询项目的总项目经理陈青茹（Arleta Chen）在答谢宴会上讲了如下一席话。

IPD 流程本身不是最有价值的，它的管理理念才是最有价值的。华为的各级管理者如何管理 IPD，他们的理念如何，是要大家去体会和学习的，如果人不改变，流程就是没有用的，就不能深刻理解任总讲话的真实含义。所以要先看自己是否愿意改变，如果不改，顾问也帮不上什么。

不难想象：IBM 顾问进场前，如果华为自身没有历经 1996—1998 年这三年《华为公司基本法》自上而下的"松土"工作，IBM 带来的西方管理体系想在华为落地将是何等艰难。

复盘多个企业数字化转型失败案例后，我们可以发现：数字化转型的难易程度，并非取决于企业规模的大小，而是取决于这家企业的管理者对数字化转型有没有达成共识。也就是说，800人规模的企业，并非比8000人规模的企业更容易转型成功。正如《庄子》语："井蛙不可语海，夏虫不可语冰。"如果公司内部对数字化的理解和认知水平参差不齐，那么即使只是800人规模，开展数字化转型也是寸步难移。

根据华为的经验和业界的实践，共识主要包含三个要点。

共识一：对数字化转型本质的共识。

数字化转型的本质是顺应市场和客户的需求，利用新一代数字技术开展的业务转型和管理变革工程，并非技术转型，因此需要业务部门管理者的全身心参与，将其视为自己部门的事情，而非委托给IT部门或外部咨询顾问。

共识二：对数字化转型"行动三问"的共识。

"行动三问"包括我是谁、我从哪里来、我要到哪里去。一切转型都是为了成为更好的自己，而不是成为别人。因此数字化转型要以"我"为主，通过管理者的多轮反复讨论，结合企业的实际情况开展。

共识三：对数字化转型长期性的共识。

美的集团自2012年启动数字化转型以来，至今已有10余年，累计投入超过170亿元，如今它依然不遗余力地推进数字化转型，而且随着进入深水区，待解决问题的难度也越来越大。

2021年2月，美的集团董事长方洪波接受学者杨国安的专访[注]，谈到他作

[注] 青腾.数字化转型八年，市值千亿，智造如何重估美的？［PB］.青腾TencentX公众号，2021-01-25.

为一把手推动数字化转型的焦虑。

问及"复盘美的整个转型过程最艰难的决策",方洪波回答道:"现在最艰难、最焦虑的决策,是数字化转型的投入,当年搞632投入20亿元,数字化每年都要投入几十亿元。每到这个时候,这种抉择都很迷茫。

"数字化都是隐形的东西,看不见,无法以肉眼去判断、以经验去判断,甚至有时候你不知道方向在哪里,这是目前最大的困难。

"我有时候心里也在问,到底往前走会怎么样?它也是未知的,这就是最大的焦虑。

"我想我所扮演最重要的角色就是推动、决策,不断往前推。

"简单来讲,数字化的推动一定是一把手工程,如果一把手不推,永远推不动。一把手想推,再大的困难也会解决。有时候这个过程需要的就是一口气,这一口气突破了、顶住了,可能就是一片新的天地。有时候没有憋过去,又会回到起点。"

无独有偶,距离美的集团顺德总部120千米的华为深圳坂田基地,也上演着同样的故事。

华为自1998年启动IT S&P变革至今已经25年了,即便除去流程驱动的时间不算,从2007年孟晚舟基于数据驱动的理念对财务体系进行数字化转型算起,至今也有16年。华为每年按销售收入的1.5%~2%划拨资金投入数字化转型,至今依然看不到画上句号的那一天。

或许数字化转型这条路永远没有句号——这不是一个有限的游戏,而是一个无限的游戏。

就像跑马拉松一样，中间有一段感觉很艰难，如果能挺过去，那么迎接我们的将是胜利。经历变革后的华为，取得了巨大成就，享受到变革带来的红利。

2014 年，华为对管理变革做出评价："1998 年，很多关于业务变革、业务流程架构、业务流程端到端集成、企业架构等概念对华为来说都是全新的。但现在，变革以及流程语言已经是华为基因的一部分。华为的变革历程让华为成为今天的华为，成为 400 亿美元的全球化企业。"

有一次，我走进企业讲授"管理者的数字化转型"课程，有一位学员举手提问："华为的管理变革对华为取得的成功发挥了巨大作用我能理解，但华为的管理变革到底与数字化转型有多大关系？"

这是一个非常好的问题。2021 年，周良军和我合著《华为数字化转型：企业持续有效增长的新引擎》一书，在绪论中就回答了这个问题。

从 1998 年起，华为邀请 IBM 等多家世界著名咨询公司进场，先后开展了 IT S&P、IPD、ISC、IFS 和 LTC 等一系列重大管理变革项目。这些管理变革项目，大家看到最多的、讨论最多的是战略选择、流程、组织和运作机制，但有一个价值被严重低估的关键视角，那就是"业务数字化"（Digital Inside）。事实上，华为以上的这些管理变革，其背后都是典型的数字化转型工程。

点石成金 | 对于这一节话题所讨论的关键挑战，复旦大学经济学家兰小欢在《置身事内：中国政府与经济发展》一书中也有相关阐述："……公众所接触的信息和看到的现象，大都已经是博弈后的结果，而缺少社会阅历的学生容易把博弈结果错当成

博弈过程。其实即使在今天，中央重大政策出台的背后，也要经过很多轮的征求意见、协商、修改，否则很难落地。成功的政策背后是成功的协商和妥协，而不是机械的命令与执行，所以理解利益冲突，理解协调和解决机制，是理解政策的基础。"

从中国历史上的四场变革，以及华为自1998年以来的一系列管理变革，你得到了什么启发？我在"管理者的数字化转型"课堂上有一段总结语，也分享给读者，期待能给大家带来新思考。

　　企业开展数字化转型，如何应用现代数字技术升级生产工具不是核心挑战；如何顺应时代、市场、客户、供应商、经销商、企业内部利益相关者的诉求，改变生产关系才是真正的核心挑战，数字化转型最耗费时间的环节是对新生产关系达成共识。企业开展数字化转型，最先探讨的问题其实是利益格局有可能怎么动。

* 在本节写作中，唐文、周良军、武常岐、董小英、杨学山、陶景文、熊康、刘祯、彭剑锋、陈青茹、杨国安、兰小欢等专家的睿智洞察与独到见解对我影响较大，向这些数字时代的先行者致敬。

变革成功的关键

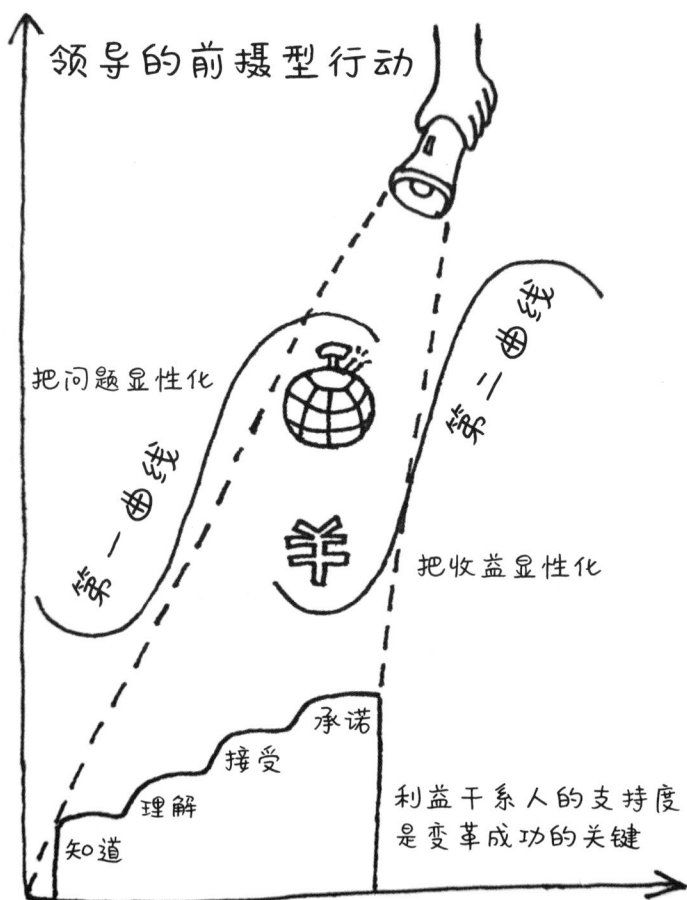

领导的前摄型行动

把问题显性化

把收益显性化

承诺
接受
理解
知道

利益干系人的支持度
是变革成功的关键

视觉呈现：山水 sunshine

84

09 变革成功的关键：能否有效影响利益干系人

对管理者进行盘点并分而治之

话题焦点 | 数字化转型的本质不是技术转型，而是复杂的管理变革工程。企业必须坚持以业务变革为主导的管理体系建设，借助数字化技术不断改良、不断优化、无限逼近业务最佳运作逻辑。

从本质上讲，管理变革工程是利益重新分配，必然涉及利益干系人权责利的改变和权衡。很多企业在数字化转型路上之所以折戟沉沙，是因为这个"阿喀琉斯之踵"被射中了。这一节，我们从管理变革视角探讨如何提高数字化转型的成功率。

他山之石

变革，是企业领导者发起的一项前摄型行动。所谓"前摄型行动"，就是一种自发的、前瞻性行动，其目的是企业通过改变自我以适应组织的内外环境，以求获得生存和发展的机会。不少企业在走下坡路时才发起变革，这不是前摄型行动，而是"救火"，最后走向失败也就成为大概率事件。

因此，变革时机的选择非常关键。欧洲管理思想大师查尔斯·汉迪

（Charles Handy）认为，企业当前的发展轨迹可视为第一曲线，企业未来的发展轨迹可视为第二曲线。从企业创新的角度看，第一曲线一定会到达极限点，如果企业在这个极限点到来之前能找到引领企业新腾飞的第二曲线，则称该企业走上可持续增长之路。

在寻找第二曲线的道路上，成功的企业要善于把握时机，华为就是一家善于寻找变革时机、持续探寻第二曲线的公司。

1990—1999 年，代理销售很赚钱的时候，华为从代理转向自主开发程控交换机；

2000—2009 年，程控交换机很赚钱的时候，华为从固网产品转向无线产品；

2010—2019 年，无线产品很赚钱的时候，华为重兵进入智能手机等终端产品；

2020—2029 年，智能手机很赚钱的时候，华为进入智能网联汽车、云计算和人工智能赛道；

…………

为什么要在第一曲线往上走到巅峰（也叫极限点或失速点）之前，便启动第二曲线的探索？开过车的读者应该听过"车要向左拐弯，就要先向右打方向盘"说法，二者的道理是相通的。第二曲线的效益放量之前，要占用第一曲线的资源，企业总体的效益很可能是下降的。如果第一曲线继续增长，则企业领导者为了未来更大的收益，很大概率愿意在当下做部分利益牺牲。

然而，尽管企业领导者具有危机意识，但是很多管理者认为可以再等一等。这时需要企业领导者把潜在的问题显性化，营造变革的紧迫感。这个方面的成功案例有很多，在这里给读者分享我在"管理者的数字化转型"课堂上经常解读的三个小案例。

案例一：小手套，大问题

该案例来源于美国哈佛商学院终身教授约翰·科特（John Kotter）的代表作《变革之心》一书，这是关于一家公司如何提升采购浪费问题的变革准备度的案例。

这家公司的领导者意识到公司采购方面的浪费很严重，但管理者对此不以为然，毕竟公司的业绩还在持续增长，具有盈利能力。于是，领导者想了一个有意思的解决方案：他让一名暑假实习生调研公司旗下所有工厂的手套采购情况，发现每家工厂都有自己的手套供应商，即使同一型号的白手套，它们的采购价格也各不相同，有的价格甚至相差 10 倍。经实习生统计，该公司一共有 424 种形形色色的手套。实习生收集每种手套的样品，把采购价格和所属工厂等信息在手套上做了标识。

在公司的一次管理层大会上，企业领导者安排把这 424 种手套集中摆放在会议室的大桌子上，然后请各个部门的管理者参观。采购的手套品种之多，各个工厂采购同一型号手套的价格相差之大让这些见多识广的管理者非常震惊。大家纷纷感慨并表示："真的没想到浪费这么严重""如果把这些钱节约下来给大家发奖金更有意义""现在是采取措施的时候了"。领导者看到时机成熟，当场宣布预先准备好的公司采购节约变革计划，全场对这一计划一致赞同。这家公司由此顺利地推动了变革项目。

案例二：华为的物料管理变革行动

该案例是华为企业架构与变革管理部分享的一个物料管理变革案例。这个案例与案例一非常相似，以至于我听到这个案例时猜测：是不是华为某位高管读过科特的《变革之心》，然后向任正非讲述了"手套案例"，任正非大呼妙哉，于是华为也这么干了？

华为的海外业务迅猛扩张时，出现过大量账外物料管理混乱、实物账和财务账不一致的问题。华为很多市场体系的主管当时并没有意识到问题的严重性，认为只要公司收入高速增长、不出现大面积的丢货导致客户满意度下降即可，一些小问题在所难免，瑕不掩瑜。任正非却不以为然，他认为任何事情不要等到问题成堆时采取作英雄弹指一挥间的"力挽巨澜"，而是要不断地疏导。于是，他秘密安排公司稽查部到全球各代表处收集各种物料管理混乱、账实不一致的信息，在信息收集齐全后，亲自策划并召开了华为全球仓库大会。

当时，华为全球 16 个地区部总裁、170 个国家或地区代表处代表和分管仓库的主管都被要求回国现场参会。当管理者们陆续走进会议室时，大会屏幕上正在滚动播放稽查部前期收集到的仓库视频和图片，尤其画面上堆积如山的货物、损耗数据让每一位参会的管理者大为震惊。之后，任正非走进会场，劈头就问："你们之前给我汇报的时候都说仓库管得好，这就是管得好？！"气氛都营造到这里了，还有什么可狡辩的？管理者们都深刻地意识到物料管理混乱、账实不一致的问题已经十分严重，变革迫在眉睫，于是公司上下对物料管理变革的必要性在会上快速达成共识。会后，华为多个国家或地区代表处代表回到工作岗位的第二天就行动起来，亲自带着团队下仓库检查、敦促整改，华为海外物料管理问题的改善效果立竿见影。

案例三：空谈误事，实地考察才有意义

该案例是我们在南京参观菲尼克斯电气（中国）公司时，其总裁顾建党

分享的一个案例，案例主角是江苏一家从事特种设备生产的公司。

这家公司的老板关注数字化转型已经有一段时间了，也参加了不少数字化转型的论坛，但始终都没有下定决心采取行动。有一次，他参观一家企业的智能生产线，看到它带来的产能和效率的提升后，被震住了。这家企业虽然不是同行，但是与自己公司的工艺类型很接近，这让他坚信自己的企业如果引进类似的智能生产线，也会大幅度提高生产效率。但是，当老板回到公司，在高管会议上提出准备引入智能生产线的想法时，参会的高管们面面相觑，无人发言。在老板的追问之下，大家纷纷表示担忧：没有熟悉智能技术的人才，一次性在新的生产线上投入这么多钱风险太大，新机器的运维成本太高，同行都没有哪家这么激进地更换设备……

老板听完后反思：自己说再多都没有意义，百闻不如一见。于是，他带领公司管理人员和技术骨干一起去参观那家让他震撼不已的企业工厂。不出老板的意料，当大家看到智能生产线上人机协同的高效作业场面时，每个人都很震惊。回来后，还是在上次开会的那间会议室里，老板再次召集高管们开会讨论引入智能生产线的议题。这一次，所有参会人员都满怀信心地表态：是时候拥抱数字化转型了。

以上三个小案例，有一个共同特点：领导者洞悉人性，要么把问题显性化，要么把收益显性化，通过视觉冲击营造变革的紧迫感。

在 IBM 等咨询公司的指导下，华为成功地开展了 IPD、ISC、IFS 等多个管理变革项目，这与领导者深度洞悉人性分不开。华为变革项目管理办公室总结认为，影响利益干系人对变革的支持度，是变革成功的关键。而利益干系人对变革的支持度可分为知道、理解、接受、承诺 4 个层次。

知道：了解变革背景、变革愿景、目标和收益。

理解：理解变革方向、变革关键点、变革项目的里程碑计划。

接受：能清晰阐述变革与自己的关系，愿意参与变革，能提出有利于变革项目推进的建设性建议。

承诺：承诺为变革投入资源、投入时间，承诺评审、批准、使用新流程和新工具，主动寻求扩大变革收益的机会。

如果不能在变革过程中有效消除利益干系人的相关阻力，则会导致有些关键利益干系人走向每个层次的相反方向。

- 困惑：在公司希望大家"知道"的时候，他们是困惑的。
- 负面观点：在大部分人已经"理解"的时候，他们抛出的是负面观点和负面情绪，以至于变革项目组开展工作时有所顾忌。
- 不支持实施：在需要大家"接受"时，他们决定不尝试，不支持实施。
- 不对结果承诺：最后的结局是关键利益干系人对结果"承诺"的投入不够，导致变革失败。

可以说，有效影响利益干系人的核心，就是帮助利益干系人走过从知道到理解，再到接受，乃至最后到承诺的历程。

点石成金 | 变革，是非常艰难的过程。

数字化转型就是管理变革，在推进变革的过程中，企业可以根据拥抱变革的意愿和影响变革的能力两个维度，对管理者做盘点并分而治之：团结那些有能力且有意愿的支持者，培训那些无能力但有意愿的跟随者，争取那些既无能力又无意愿的摇摆者，孤立那些有能力但无意愿的反对者。

曾经担任华为公司变革项目管理办公室主任的毛万金，分享过一个小故事，值得大家反思。

有一次，华为举办一个全球性的变革研讨会，公司轮值CEO也在场，有一个海外地区部总裁在会上向轮值CEO抱怨新上线的IT系统不好用，轮值CEO问他："这个IT系统你用了多少次？具体哪个环节不好用？"这时，这个地区部总裁无言以对。没过多久，这个地区部总裁就被撤掉了。

各位读者，变革真不是说得那么轻松，而是涉及权责利的重新分配，在拥抱数字化转型的过程中，你是否已经有了这样的思想准备和行动魄力呢？切忌对数字化转型叶公好龙！

* 在本节写作中，周良军、查尔斯·汉迪、约翰·科特、熊康、顾建党、毛万金等专家的睿智洞察与独到见解对我影响较大，向这些数字时代的先行者致敬。

数字化的"现实主义"

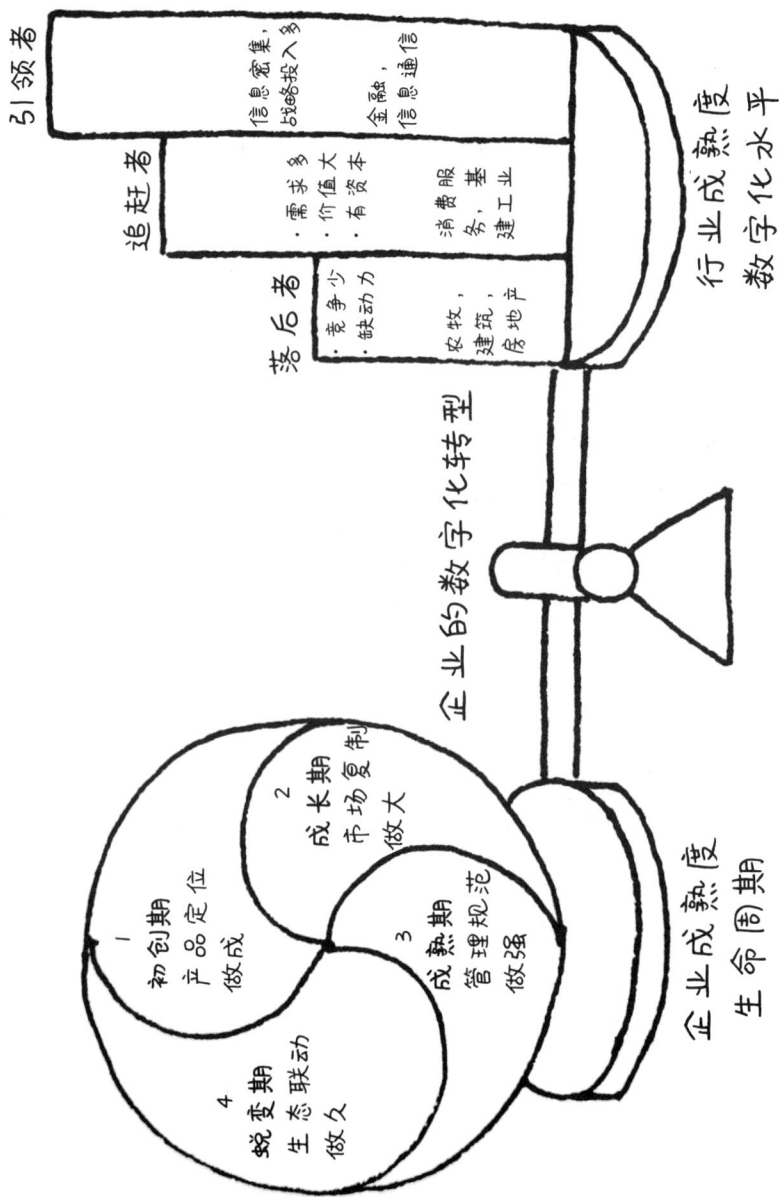

引领者
- 信息密集，战略投入多
- 金融，信息通信

追赶者
- 需求多
- 价值大
- 有资本
- 消费服务，基建工业

落后者
- 竞争少
- 缺动力
- 农牧，建筑，房地产

行业成熟度
数字化水平

企业的数字化转型

1 初创期 产品定位 做成
2 成长期 市场复制 做大
3 成熟期 管理规范 做强
4 蜕变期 生态联动 做久

企业成熟度
生命周期

10 数字化的"现实主义"：行业成熟度和企业成熟度

脚踏实地，小步快跑，渐进迭代

话题焦点 | 得到 App 创始人罗振宇讲过一个故事：一家小公司，想用数据化方式摸排员工的工作情绪，但没有预算建 IT 系统。于是公司给每位员工发放一袋玻璃球，一共有红、黄、蓝三种颜色。员工每天下班打卡时，向所在部门的透明玻璃箱中投入代表自己当天工作情绪的一颗玻璃球。该公司通过这么一个成本不到 100 元的解决方案，完成了员工情绪的有效摸排，掌握了各部门的工作氛围。

只要思想不滑坡，办法总比困难多。正所谓："你有你 100 亿元的数字化，我有我 100 元的数字化。"类似华为这样的大公司，每年在数字化方面的投入动辄上百亿元（2020 年投入 150 亿元），此外，我们也要看到，上述创业型小公司依靠 100 元投入成本也能使用数字化方法改进经营管理效果。这一节，我们聚焦一个话题：从行业成熟度和企业成熟度角度探讨数字化转型的可能性与现实性。

工业 4.0 的风还没过去，各种"中台"风就刮了起来；还没搞清楚"技术中台"和"PaaS"的关系，又刮起了"低代码""零代码"的风。

俗话说：有多大的头，戴多大的帽子。在我看来，数字化转型不要冒进，不要跟风。企业开展数字化转型所戴帽子的大与小，取决于两个成熟度：一是行业数字化水平成熟度；二是企业数字化水平成熟度。

一是行业数字化水平成熟度

"闻道有先后。"我们正在迈入数字经济时代，但各行各业的数字化水平成熟度差异非常大。打个比方，从数字化视角看，有些行业已经博士毕业，有些行业才刚刚入读小学。

从总体趋势看，当前中国数字经济的浪潮从消费互联网走向产业互联网，数字技术赋能从消费、娱乐、休闲、流通环节走向研发、制造、生态协同等供应侧环节，最终走向赋能千行百业，及至赋能整个社会的治理。

消费互联网把中国 14 亿人连接起来，驱动了互联网经济的飞速发展。然而，中国还有超过 4 万座写字楼、5 万个制造园区、8 万个数据中心、数十万千米的铁路、公路和水路有待连接起来……随着数字经济进入新阶段，我们还要继续用产业互联网连接百亿设备、千亿物品、数十万千米的传统基础设施，真正实现万物感知、万物互联，释放产业数字化的巨大空间。

我的老朋友、新奥集团首席能力官李岚，曾基于自身多年的实践对数字化转型趋势做了独到解读，我非常赞同她的观点，在此将她的观点分享给各位读者。

"消费互联网"面对的是个体消费者，针对个人用户在衣食住行、社交娱乐等消费场景中提升消费体验和效率。其业务场景相对常识化、容易被理解，且场景链条相对较短，因此数字化手段加持下的效果也容易快速显现和快速迭代，出现跨界降维打击是相对容易的。其主导力量往往是互联网企业。

"产业互联网"则不同，其面对的主体是众多机构（政府、企业、生产者等）。基于公司自身的探索以及与同行的交流，我们发现"用数字手段解决产业的某些具体问题"是可行的，但"因此就能形成产业数字化的成果"就会有很大难度。因为"产业链"是很长的，无法通过对一个单点的数字化改造就能让最终结果产生天翻地覆的变化、提升产业整体能力。例如"能源全场景"包括气源、存储、输配、交易等，比如运输环节的数字化升级确实可以解决运输效率问题，但如果上下游的数字化建设不足或底层架构未能打通，就无法快速提升整个产业链的效率，甚至会造成储存负荷的匹配度问题等负面影响。

我们曾尝试运用泛能的理念帮一家方便面厂做节能改造，用蒸汽做干燥处理，电只用于生产动力和照明，方案很好也很有效，但这个工厂最后考核被扣分，原因是面饼过干导致费油，增加了原材料成本。另一家造纸厂的节能效果也很好，但节能方案导致纸张厚度增加了 0.2 毫米，整个生产线就废掉了。

这些案例让我们对产业数字化转型中"产业"的敬畏感大大增强。就算相同行业生产相同的产品，其工艺也有可能不同，工艺相同也有可能场景不同。例如，在北方可能室内作业多，而在南方是室外作业，受天气影响的因素就要考虑进去，数据模型可能就要调整。

从这个意义上讲，产业数字化其实难度更大，且关键在于对产业的深度理解，再和数字技术做深度融合，并需要在多元场景中不断试验和打磨，这是一个持续探索和能力构建的过程，很难一蹴而就。因此，我认为产业互联网的主导力量应该是产业实体企业。

综合李岚的观点，数字化转型从消费互联网走向产业互联网时，会出现"裂谷"，以互联网企业为代表的数字原生企业，具备较强的数字技术能力，但普遍缺乏对产业场景的深度洞察能力；以能源、交通、金融、制造等行业为代表的非数字原生企业，对自身产业场景非常熟悉，对行业的隐性知识了如指掌，但缺乏数字化能力。

因此，总结一系列的转型成功经验和失败教训之后，包括李岚在内的不少有识之士认为，产业互联网时期的数字化转型，其主导力量应该是产业实体企业，而不是曾经擅长开展消费互联网的外部力量。

这个观点在美的、三一重工等企业也得到了验证。2016 年，美的成立美云智数，帮助制造类企业客户建设灯塔工厂，因为美的自身就是中国拥有灯塔工厂量排名第一的企业（截至 2022 年 10 月，美的拥有 5 座世界灯塔工厂，与海尔并列第一），这对其他制造类企业来说是最好的样板点。同样也是 2016 年，三一重工成立树根互联，为工业客户提供智能工厂升级改造等数字化转型服务，也是因为三一重工在工程机械制造行业摸爬滚打 30 多年，非常了解这个行业。互联网企业把简单的事情在短时间内做亿万遍，就像玩转一个体积如足球场大的三阶魔方。而非数字原生企业把复杂的事情同样高效地做一千遍，就像玩转一个体积如拳头大的七阶魔方，各有各的挑战。也正因如此，在开展产业互联网建设的时期，对产业的深度理解成为数字化转型成败的关键，各位产业中人要对自己有信心，不要寄太多希望于消费互联网企业能为产业带来多少"绝招"。

具体到不同的行业，数字化进程也各有不同，大致呈现以下三个波次。

第一个波次：数字化引领者。

这类行业一般是信息密集型，其核心生产资料就是信息和数据，日常运营依靠大量数据，因此是大数据、人工智能等技术的天然试验田。同时行业聚集高素质人才，善于利用数字技术开展业务创新，数字化转型开展得比较早。如今，数字化已经进入这类行业的核心生产系统，如金融行业、信息通信行业等。根据 2021 年 11 月初腾讯研究院发布的《数字化转型指数报告2021》，在全国 351 个城市和 18 个行业中，金融行业的数字化程度比行业均值高 3 倍。

领先的前提是敢于战略投入。截至 2021 年，中国平安已经开展数字化转型 10 余年，累计投入超过 500 亿元。在 2022 年 4 月召开的清华五道口全球金融论坛上，中国银行董事长分享过一份数据并表示："从投入看，比如说我所在的中国银行，2021 年投入 186 亿元，增速比前一年增长超过 11%，这个速度和投入还不算最快的，还有差距。现在 14 家银行一年投入 1554 亿元，这种数字化转型步伐完全取决于客户的需求，取决于银行业需要转型，需要寻找新动能，需要发展新业态。"2022 年 9 月，工商银行原董事长姜建清也分享了一份数据："2020 年我国银行 IT 建设的总投资达到 2078 亿元。"我们从这些数据可以看出，金融行业对数字化的热切期待。

引领者有引领者的烦恼，第一波次的产业，往往没有"作业"可抄，因此出现了如下挑战："新技术层出不穷，选择很难""场景很复杂，技术与业务场景不匹配""有很多想法，但找不到方案"……

第二个波次：数字化追赶者。

这类行业分为两小类：消费服务类和基建工业类。

消费服务类行业由 C 端需求驱动，应用很丰富，从业者数字化意识很强，创新型的应用场景多，基于消费者的数据价值较大，因此能获得资本的助推，典型的行业包括医疗、教育、零售、休闲文娱、生活服务、政务治理等。

基建工业类行业，往往规模体量大、资产重、流程复杂、协作链条长，因此有较强烈的降本增效诉求，典型的行业包括制造业、交通、能源、油气、电力、矿业等。华为成立的第一个"军团"——煤矿军团，也是看好这类行业的数字化潜力。

处于第二波次的行业，尤其是基建工业类行业，在推进数字化转型进程中出现如下挑战："缺少既懂数字化又懂业务的人才""有数据但很零散，数据质量很差""知道系统有问题，但因为是老破旧的生产系统，不敢轻易替代"……

第三个波次：数字化落后者。

该波次典型的行业包括农牧业、建筑业、房地产等。

这类行业普遍是区域性行业，也就是长期深耕本地市场，受国际市场影响较小，因此也没有太强的数字化转型推动力，更谈不上数字化前沿技术的多场景应用。还有一个重要原因，这类行业的企业产能较分散，小企业很多，协同起来很复杂，数字化投资产生成效的周期较长，因而数字化转型的动力不足。

处于第三波次的行业，在推进数字化转型进程中出现如下挑战："紧迫感不够，共识性不强""前期信息化的投资给业务带来的收益不明显""方向不清，路径不明"……

我们探讨行业数字化转型的三个波次，是希望读者能分析并看清自己所在行业的数字化整体水平处于什么段位。毕竟任何一家企业都是根植于所在行业基础上发展的。"领先三步是先烈，领先半步是先进"，不要好高骛远，不要急于求成。没有掉队的行业，只有掉队的企业。尽管之前我们偶尔听到门外野蛮人降维打击的故事，但绝大多数情况下，决定我们生存的还是行业内的竞争。适时借助数字化手段，能让我们在这场竞争中更有优势。

二是企业数字化水平成熟度

我在拙作《华为成长之路：影响华为的 22 个关键事件》中，基于美国管理学家伊查克·爱迪思（Ichak Adizes）的企业生命周期理论，把企业的发展历程划分为四个阶段：产品定位期、市场复制期、管理规范期、生态联动期。这四个阶段对应四种不同的诉求：做成，做大，做强，做久。即便身处同一个行业，因为发展阶段不同、管理成熟度不同，企业的数字化转型的侧重点也会有所不同。

2022 年 9 月，全球著名咨询公司罗兰贝格联合阿里云输出蓝皮书《数智跃迁：企业全生命周期数字化转型路径》，把企业的成长历程划分为初创期、成长期、成熟期、蜕变期四个阶段，这与我在《华为成长之路：影响华为的 22 个关键事件》中所做的阶段划分基本一致，只是阶段名称表述不同而已。尽管该蓝皮书带有厂商的视角，但其概括的企业成长四个阶段的数字化转型侧重点，对正在思考数字化转型的企业极具借鉴价值，我在这里也结合我的理解，择其精华分享给读者，具体见表 1。

表 1　企业不同成长阶段的数字化转型侧重点

企业成长的四个阶段	战略层面	业务层面	组织层面	技术层面
产品定位期	以数据为依托，帮助创始团队快速聚焦战略重点，打造核心产品	简化业务流程，推动生产、进销存、营销等环节的透明与高效管理	组织关系和沟通办公的线上化，打造高效灵活的团队	基于公有云和数字化开放平台的一站式数字化应用与在线服务
市场复制期	通过数字化手段获取市场份额，提升竞争优势	降本增效，通过全价值链的数字化提升内部经营效率，支撑业务拓展	规章制度系统化，审批流程透明化，提升组织流程效率	系统、流程、数据的集成，减少业务断点，打破部门壁垒和信息孤岛
管理规范期	数字化赋能战略方向的决策，建立领先的行业地位和可持续的盈利能力	运营精细化、决策智能化和创新敏捷化，提升企业整体效益和效能	以前台、中台、后台的组织变革提升业务敏捷能力与组织治理能力	统一的数字化规划与技术架构，实现全链路、全要素的业务数字化
生态联动期	利用数字化迭代能力应对外部变化，加速企业生态圈指数级扩展	赋能产业链上下游，提升生态圈成员的整体效能，实现生态共赢增长	打造拥有自我驱动和自主进化能力的智慧型敏捷组织	一体化技术架构整合跨组织数据开放共享能力、生态支撑能力

资料来源：《数智跃迁：企业全生命周期数字化转型路径》和《华为成长之路：影响华为的 22 个关键事件》。

　　我在"管理者的数字化转型"课堂上观察发现，学员所在企业有不少是民营企业，本书的不少读者也是民营企业管理者，因此我需要提醒学员和读者，开展数字化转型时务必注意自身企业所处的发展阶段。

　　为深入了解中国民营企业数字化转型的现状和问题，全国工商联经济服务部、国家发展和改革委员会宏观经济研究院、中国工业互联网研究院和中国信息通信研究院等机构，曾于 2022 年 1 月 5 日至 2 月 20 日面向全国各省的民营企业展开问卷调查，围绕民营企业数字化转型的路径取向、转型痛点、未来方向、效果评价、合作期待、政策认知与诉求等方面形成一个结构化扫描。此次调研样本量还是比较充分的，共计回收有效问卷 4877 份，最终成果以《2022 中国民营企业数字化转型调研报告》发布。报告显示，目前我国民营企业在数字化方面存在投入规模偏小、投入模式滞后、支撑保障体系不健全等问题，制约了数字化转型的效果。值得读者关注的是，这次调研的样本民营企业中，近七成在数字化方面年投入少于 50 万元。

我看到不少企业，因为囊中羞涩把有限的资金投入直接看得见的营销端，成长到一定程度才考虑在研发和生产方面投入资金，发展到一定规模后，当组织遇到挑战，才在管理、决策、运营等方面加大投入，最后考虑生态发展。这符合事物的发展规律，也是企业发展阶段使然。

有必要提醒各位读者的是，以上的顺序只是样本民营企业的选择，国有企业未必也是这个顺序。

腾讯研究院在 2022 年基于 110 家国有企业开展国有企业数字化转型的研究，形成《2022 国有企业数字化转型调研报告》，报告表明：从开展数字化转型的顺序看，无论系统全面地推进数字化转型还是选择数字化转型的切入点，大多数国有企业都选择了如下顺序："从管理角度入手，优化行政和决策"→"从用户角度入手，优化营销和服务"→"从产品角度入手，优化研发和生产"。这体现了当前国有企业数字化转型的路径选择——短期内优先从管理和用户的角度切入，但是长期内将更加重视组织和管理、生产和运营、产品和服务的创新与转型。

点石成金 ｜ 关于企业自身数字化水平成熟度的评估，华为总结了一个四维分析法，各位读者可以参考。

战略决心维度：包含数字战略和愿景、架构蓝图、举措和路标等。

业务重构维度：包含重构客户体验、重构作业模式、重构运营模式、重构数字产品与服务等。

数字能力维度：包含应用程序现代化、数据治理与分析、AI 使能、资源与连接、安全与隐私保护等。

转型保障维度：包含变革管理、组织保障、数字人才等。

然而，正如我在拙作《华为成长之路：影响华为的 22 个关键事件》封面所写："我们不是学习华为的现在，而是学习华为如何走到现在。"数字化转型，每个企业的情况实际不一样，唯一可以借鉴的是他人解决问题的思维。

---

* 在本节写作中，胡康燕、罗振宇、李岚、张小懿、贺东东、肖剑、张翼飞、熊康等专家的睿智洞察与独到见解对我影响较大，向这些数字时代的先行者致敬。

相信自己的翅膀

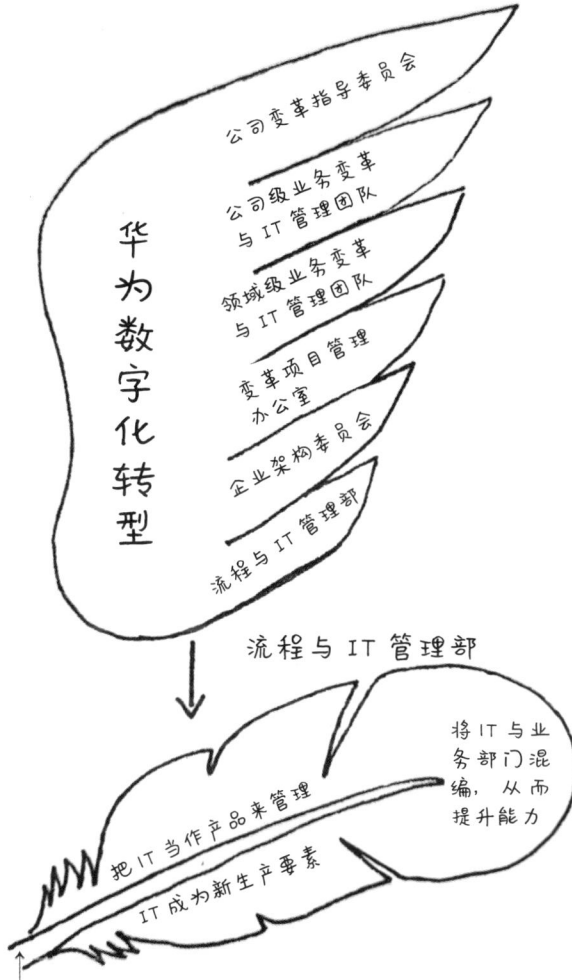

华为数字化转型

公司变革指导委员会

公司级业务变革与 IT 管理团队

领域级业务变革与 IT 管理团队

变革项目管理办公室

企业架构委员会

流程与 IT 管理部

流程与 IT 管理部

将 IT 与业务部门混编，从而提升能力

把 IT 当作产品来管理

IT 成为新生产要素

流程代表业务战略、运营逻辑、商业的规则

视觉呈现：山水 sunshine

11

我命由我：长翅膀而非找树枝

从首席信息官走向首席执行官

话题焦点 | 一只站在树上歇息的雄鹰，从来不会害怕树枝断裂，因为它相信的不是树枝，而是自己的翅膀。在这个充满不确定性的时代里，企业要开展数字化转型，把自己的命运掌握在自己的手中尤为重要。

他山之石

正如那只雄鹰的笃定，企业开展数字化转型要与企业的战略目标和发展规划高度吻合，主要依靠企业建设与之相匹配的组织能力，通过自身力量实现转型目标。

尽管外界有不少管理咨询公司、IT厂商、数据服务商等机构在帮助我们从物理世界走向数字世界，但是每家企业的业务具有独特性，需要以该企业自身核心业务为主体，通过跨领域沟通协同的方式将数字化工作有效落地。把数字组织过度外包，是很多过去或正在开展数字化转型的企业（包括大型企业）常有的现象，但这是企业数字化转型的一个错误观念，如果不能引起管理者的足够重视，那么将对企业的数字化转型和未来数字化运营埋下隐患。

华为、美的等企业的经验表明，涉及被转型企业内部庞大复杂的业务体系，外包公司无法深入了解企业内部的问题，因此被转型企业必须依靠自身的技术力量去做——只有建立掌控核心能力和规模化作战能力的数字能力中心，企业才具有迅速响应战略调整的执行力和运营能力，才能把数字化转型的规划变成现实。

如何搭建企业自身的数字化转型管理组织？本节以华为的实践为例进行解析，供读者参考。

华为把数字化转型视为管理变革，这在组织的命名上也表现出较鲜明的痕迹，主要分为如下六类组织：公司变革指导委员会（ESC）、公司级业务变革与 IT 管理团队（C-3T）、领域级业务变革与 IT 管理团队（Sub-3T）、变革项目管理办公室（PO）、企业架构委员会（EAC）、流程与 IT 管理部（BP&IT）。

ESC 是公司变革最高决策机构，从投资视角牵引公司的变革方向，关注重大变革的项目需求，批准公司重大变革项目的立项和关闭，把关最终的项目成果验收，对跨领域、跨部门的争议问题进行最终仲裁。ESC 是一家公司的重量级团队，一般由经营领导班子的扩大会议构成，以华为为例，由经营管理团队（EMT）、平台部门总裁、业务集团总裁（BG CEO）和地区部总裁等核心高管构成。

C-3T 是公司级业务变革与 IT 管理团队，负责全公司跨领域及公司级重大变革项目的日常监控管理，包括立项、决策点评审、需求变更评审等，统筹拉通全公司各领域变革节奏。

Sub-3T 是领域级业务变革与 IT 管理团队，负责单领域变革项目的日常监控管理，包括立项、决策点评审、需求变更评审等。可以这样理解，Sub-3T 是 C-3T 在本领域开展数字化转型的直接负责机构，其主任一般是该领域业务部门的一把手，是变革成败的第一责任人。所谓领域，则按企业经营的功能模块划分，包括研发领域、销售与服务领域、供应链领域、财务领域、营销领域、人力资源领域等。

PO 可以理解为 ESC 的常设秘书机构，主要职责包括管理各变革项目之间的关联关系和冲突化解，为各变革项目输入专业的项目管理方法，萃取和共享变革知识经验，同时统筹发起对各变革项目的目标达成绩效进行多维度评估。

EAC 是企业架构的专业治理组织，负责架构蓝图设计，统一企业架构语言和方法，批准发布企业架构标准与规范，维护业务架构（BA）、应用架构（AA）、信息架构（IA）、技术架构（TA）的原则等。

BP&IT 对应业界很多公司的 IT 部，职责是为公司的信息化 / 数字化提供技术支持。华为从 1998 年就超前提出 IT 与流程要紧密结合的理念，2000 年完成流程管理组织与 IT 管理组织的整合，将其打造成一个垂直管理的 IT 组织，并沿用至今。这样的组织设计遵循一个理念：IT 与业务流程只有紧密结合，才能给企业带来最大价值。

介绍完六类组织，下面我对 BP&IT 稍微展开进行解读，因为在"管理者的数字化转型"课堂上，常常有学员提问这方面的详细信息。

华为认为，IT 管理组织首先要理解公司的长期战略和业务策略，要认真解读公司战略后再制定 IT 的长期战略和年度 IT 建设策略，以及规划企业架构，让企业架构与公司战略和业务策略匹配，支撑公司的战略主张和落地。

任正非追求的是建立一个流程型组织。在华为，流程主导，组织从属，流程大于组织。当流程和组织发生冲突时，优先调整组织以匹配流程，其背后的逻辑是流程代表业务战略，代表业务的运营逻辑，代表生意的规则。而企业组织是从事这个生意的一群人组合，要做成生意必须遵从生意的规则。既然组织都处于从属地位，那么在谈论 IT 系统建设时，IT 就更不可能超越流程独立存在。

业务流程的重整和优化，是 IT 应用优化和引进新的应用平台的需求来源。华为在进行流程重整和优化时，IT 架构师已经融入变革和优化项目，为业务提供业界最佳实践，通过向业务主管、关键用户和流程专家分享业界先进的应用软件包管理思想和预置的最佳流程实践，引导华为各业务部门认可业界最佳实践，让业务部门真正认识到 IT 是在帮助业务进步。

以上这一理念，是华为早在 20 年前就提出并坚持的，放在如今依然领先很多企业。近些年，企业界兴起一股改造 IT 部门的浪潮，参考开发与运维一体化模式，组建业务和 IT 混编团队，把 IT 当成"产品"进行版本管理（华为将它称为"版本火车头"），对 IT 交付的价值进行全生命周期的管理……蓦然回首，华为其实已经在这条所谓"新潮"的路上走了很多年。

从 IT 部门的能力升级看，企业不但要推动 IT 技能持续提升，更重要的是提升业务场景理解能力，因此业务和 IT 混编团队成为 IT 部门迭代的主流方向。也就是说，如今的 IT 部门，至少包括两类角色：既要包括技术架构师、应用架构师、信息架构师、系统工程师、开发工程师、运维工程师、数据分析师等 IT 属性很强的角色，又要包括流程架构师、业务场景师、业务设计师等业务属性很强的角色。在融合之后，IT 部门慢慢变成"IT 就是业务、业务就是 IT"这种资源互锁、联合作战的一体化团队。

相比财务部门和人力资源部门，很多公司的 IT 部门不受待见。这是由其价值贡献所决定的。企业的领导者，大多是价值导向很强的人——重视财务部和人力资源部，希望资金和人才发挥最大化作用，且这个作用可直接体现在公司的主营业务收入和利润上。简单来讲，财务和人力是一个追求持续扩张的组织的必备要素，而 IT 在很长时间并没有成为这样的必备要素。因此，IT 难以获得日理万机的领导者的亲自过问，只求自身技术不出事、业务部门不抱怨即可；IT 部门的管理者也很少参加公司经营班子的会议，普遍在公司话语权很小。

然而，随着数字化转型浪潮的扑面而来，IT 技术平台和数据资源成为新的生产要素，与传统的三大要素（土地、劳动力、资本）并驾齐驱。新一代数字技术带来了业务层面的全面数字化，在企业领导者的眼中，IT 不仅支撑原有业务的管理，更要成为业务变革和创新的驱动力，承载着业务转型"三新"（新商业模式、新运营模式和新产品模式）使命。这一使命的实现，涉及面很广，涉及客户、供应商、合作伙伴、员工、消费者、产品、流程、组织、工具等层面的系统性重构。

随着公司自身的数字化转型取得一定成就，上下游产业链的企业也开始"见贤思齐"。这些年来，很多细分领域的龙头企业纷纷成立以公司原有 IT 技术团队为基础班底的科技公司，对外提供数字化转型服务。例如，中国平安成立平安科技、美的集团成立美云智数、三一集团成立树根互联，以及徐工集团成立徐工信息等。

点石成金 | 2022 年 9 月，我给广咨国际集团的管理者讲授"管理者的数字化转型"课程时，集团董事长全程听完一整天的课，在课后提问环节，他问了一个他最关心的问题："企业在数字化转型时，新成立的科技公司和集团 IT 部门是什么关系？"从他问的这个问题，我就知道这家公司在数字化转型上已经采

取了实际行动，因为这个问题涉及组织汇报关系和资源共享问题的权衡。

我以美的集团数字化组织为例给他做了答复，在这里也分享给各位读者。

2019年美的集团数字化组织一共约有2700人，分为三个部分：第一部分是负责美的内部数字化工作的IT团队，员工约1100人（这一块相当于集团的IT部门）；第二部分是负责智能产品和用户连接的物联网平台团队，员工约400人（这一块相当于研发中心的IT产品部，把电饭煲、洗衣机等产品改造得更智能）；第三部分是负责对外输出数字化能力的美云智数团队，员工约1200人（这一块相当于科技公司）。其中，第三部分和第一部分的关系紧密，因为美的集团的很多企业客户之所以与美云智数做生意，是因为它们看中美的在"灯塔工厂""632变革""T+3变革""工业互联网"等方面的卓越实践。因此，从人员构成看，美云智数的员工很多来自美的集团IT部门。美的员工可以自主选择转去美云智数或留在IT部工作，且两个部门的员工可以相互流动、轮岗或兼职，是密切合作的伙伴关系（尤其是在2016—2019年，美云智数成立的早期）。

事实上，在这一波数字化转型浪潮中，不仅很多从事IT技术工作的员工有机会对外提供市场化服务，从甲方转变为乙方，不少集团公司的首席信息官也转身为首席执行官，所领导的 IT 组织也从成本中心转变为利润中心，职业生涯迎来质的跃迁。

*在本节写作中，周良军、唐凌遥、武常岐、董小英、王涛、熊康、张小懿、谷云松、郑誉、蒋主浮、刘永锋、王波、赖德华等专家的睿智洞察与独到见解对我影响较大，向这些数字时代的先行者致敬。

数字化组织形态

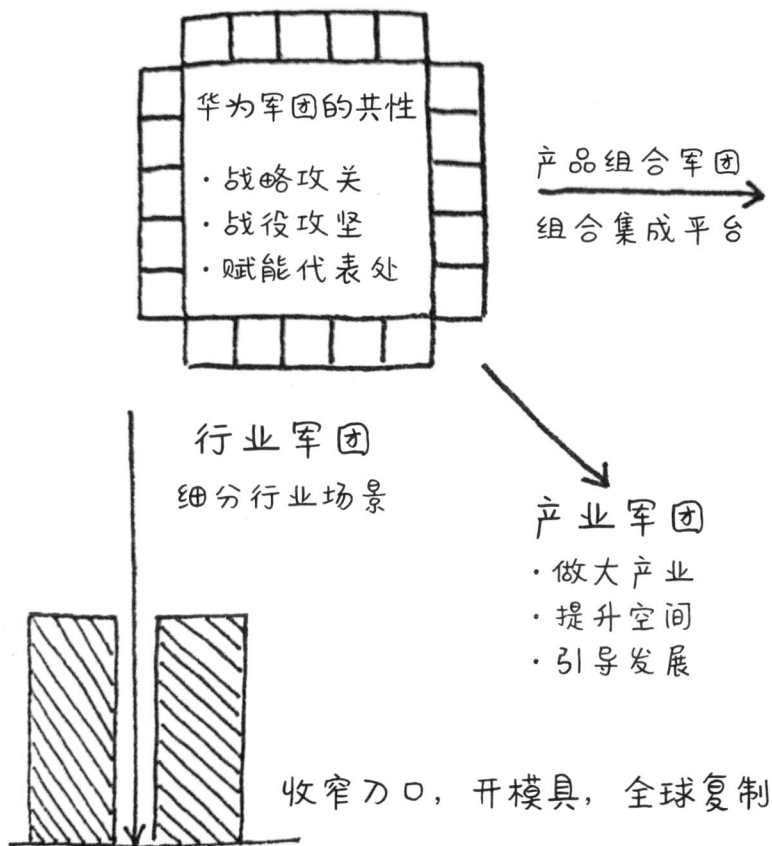

华为军团的共性

- 战略攻关
- 战役攻坚
- 赋能代表处

产品组合军团
组合集成平台 →

行业军团
细分行业场景

产业军团
- 做大产业
- 提升空间
- 引导发展

收窄刀口，开模具，全球复制

视觉呈现：山水 sunshine

111

12

数字化组织形态：他组织 vs 自组织

从"马其顿方阵"到"华为军团"

话题焦点 | 2021 年以来，华为被业界广泛关注的一个动作是组织运作军团化。"华为军团"是一个什么样的组织？这给业界探索数字化组织新形态带来哪些新启发？

他山之石

自古以来，军队的组织形态都在持续创新，既要确保组织的纪律性，又要发挥个体的力量。

2300 年前，马其顿国王腓力二世发明的"马其顿方阵"，由 16 × 16 名士兵构成一个方阵，每名士兵都配有长矛和盾牌，以此作为武器，前 5 排的士兵将长矛持平对准前方，后 11 排的士兵则把长矛以不同的角度向上倾斜，形成有层次的矛阵。

到了明朝末年，民族英雄戚继光发明的"鸳鸯阵"，由 13 名士兵组成一个阵，使矛与盾、长与短紧密结合，充分发挥了各种兵器的效能。

到了解放战争时期，中国人民解放军的"四组一队"阵型，大大提升了城市攻坚战能力，之后又发展成包含坦克、炮兵、步兵分队的"合成营"。

2021—2022 年，华为先后组建成立了 20 个"军团"，可以简单理解为，

"华为军团"是新时代企业场景下的"马其顿方阵"。每一次的军团组建成立大会，任正非都出席并发表讲话，由此可以看出他对"军团"这种组织形态寄予厚望。"华为军团"吸引了外界众多的目光，这种新组织也被外界认为是华为在当下不确定环境中开展的一次组织变革探索。

2021年10月，华为召开第一批军团组建成立大会，任正非出席大会并发表讲话，第一批军团有五个，分别是煤矿军团、智慧公路军团、海关和港口军团、智能光伏军团和数据中心能源军团。

2022年3月，华为召开第二批军团组建成立大会，任正非再度出席并发表讲话，此次集结的军团共10个，分别是电力数字化军团、政务一网通军团、机场与轨道军团、互动媒体军团、运动健康军团、显示芯核军团、园区网络军团、广域网络军团、数据中心底座军团和数字站点军团。

同年5月，华为召开第三批军团组建成立大会，任正非依然出席并发表讲话，此次集结的军团一共有5个，分别是数字金融军团、站点能源军团、机器视觉军团、制造行业数字化系统部 ⊖ 和公共事业系统部。

因为"军团"一词容易让人联想到军队等组织，任正非曾对此做了解释：这是向谷歌公司学来的组织结构，希望通过军团作战，打破现有组织边界，快速集结资源，穿插作战，提升效率，做深做透一个领域，并对商业成功负责，为华为多产"粮食"。华为轮值董事长胡厚崑也对华为军团做过解读：华为军团，实际上是一个集成团队，不光有销售人员，还有需求管理、行业解决方案开发、生态合作、服务等角色资源，每个团队只针对一个特定行业，

⊖ "系统部"是华为早些年开展运营商业务时使用的组织术语，比如中国移动系统部、中国电信系统部，就是华为专门服务中国移动公司、中国电信公司的销售及服务组织，类似花旗银行早期成立的大客户部。如今迁移到行业客户场景中，可以把系统部等同于军团来理解。后同。

深入了解客户的需求。

打破常规的职能组织金字塔，华为军团在纵向管理和横向管理上发挥了相应的作用。

在纵向上，华为军团缩短管理链条，让华为后端的研发组织甚至华为2012 实验室这样的预研组织，尽量多地参与作战，直接深入一线场景，贴近场景造"炮弹"。其中，研发部门参与军团作战又分为"行解规"人员和"行解研"人员两类，"行解规"面向行业场景做方案级规划；"行解研"则面向已规划的方案去找技术、做二次开发。

在横向上，华为军团快速整合资源，识别关键业务场景，把华为和伙伴的产品以及能力整合到一起，形成适配该场景的解决方案。

细心的读者可以看出，华为成立的 20 个军团中，有些是行业视角，有些是技术视角。事实上，华为军团的确将其分为三类：第一类是行业军团；第二类是产业军团；第三类是产品组合军团。接下来，我对此分别展开解读。

行业军团是一个垂直的、纵向的、端到端的组织，它的组织是完整的，包含研发、营销、销售、服务等角色，这些角色直接穿插到华为在各省或地市的销售与服务单元，和代表处一起作战，围绕行业需求、痛点，把华为的技术整合到垂直行业里，用一支队伍服务好一个细分行业，本质是为细分行业场景提供数字化转型解决方案的组织。

以华为成立的第一个行业军团——煤矿军团为例，华为携手国家能源集团神东煤炭于 2021 年 9 月 14 日推出华为矿鸿，为智能矿山建设赋能，成功连接了不同的采煤设备。矿鸿的推出，从需求调研到商用发布用时仅 3 个月，大大缩短了从客户需求到产品商用的链条，这种高效率在之前的金字塔组织是不可能实现的。截至 2022 年 11 月底，华为行业军团包括煤矿军团、电力数字化军团、数字金融军团等 8 个。

产业军团的产品没有行业属性，而是专注于产业性。华为与领军企业、合作伙伴一起共建标准，共同做大产业，提升产业空间，共同输出技术规范，引导行业良性发展。比如摄像头技术，无论哪个行业都可以应用。产业军团对接的是华为后端的研发团队，同时面向市场研究需求，研究市场到底对摄像头产品的功能、性能有什么样的需求，进而提升摄像头产品的性价比，积极推动落实为产业技术标准。华为典型的产业军团包括智能光伏军团、机器视觉军团、数据中心能源军团等。

第三类军团是产品组合军团。相比行业军团垂直方向上的整合，产品组合军团是水平方向上的整合。相比产业军团瞄准的单产品能力，持续提升单产品的功能、性能、竞争力，产品组合军团是多产品组合在一起的，就像各种产品的预集成，通过软硬件的方式把它做成一个方案平台。比如，园区网络军团打造的产品组合方案，是将华为的多种 ICT/ 产品根据园区的特点进行封装，经过封装的组合方案，可以用于办公园区、展览馆、博物馆、体育场馆、图书馆、零售终端门店甚至码头等场景，追求的是"把简单留给客户和伙伴，把复杂留给华为自己"。产品组合军团打造的方案有两种方式在一线上市：一种方式是直接面对客户可交付的，则直接到一线的代表处进行销售；另一种是集成到行业军团的行业解决方案中，与行业军团形成协同关系。华为典型的产品组合军团包括广域网络军团、园区网络军团、数字站点军团、数据中心底座军团等。

综上所述，华为的三类军团虽然名称上都叫"军团"，但"作战"目标差别非常大。为了缩短链条，行业军团用一支队伍服务好一个行业；产业军团解决的是能力构建、产业标准的贡献以及生态建设的问题；产品组合军团解决的是产品组合过程中的集成、适配问题。

当然，这三类"军团"也有共性的定位，华为军团的定位主要是三点：战略攻关、战役攻坚、赋能代表处。战略攻关就是打造从 0 到 1 的解决方案；战役攻坚主要负责一些重点项目，提升作战能力；赋能代表处是直插到各个业务单元或作战单元（包括代表处、系统部等），提供面向行业的作战能力。

华为行业市场组织军团化的探索，被中国很多企业关注，我经常被问及未来"军团"是否可能成为主流组织形态被复制到其他企业？我的观点是，华为自身还在探索这种新型的组织模式，尽管该模式源自谷歌，但谷歌军团更偏向技术属性，目前来看，华为军团似乎更偏向市场属性。

以我的观察总结，定位于市场属性的华为军团具有以下三个特点。

特点 1：瞄准细分行业

华为军团与 10 多年前华为刚进入政企市场时成立的行业解决方案部不太一样，那时候所覆盖的行业范围太宽泛了，蜻蜓点水，没有在客户那里形成实际的影响力。如今华为成立的每一个军团都是瞄准非常细分的行业（甚至只能说是场景）。比如，不叫交通行业军团，而是收窄为智慧公路军团、海关与港口军团；又如，不叫能源行业军团，也不叫矿山军团，而是收窄为煤矿军团。

为什么把刀口收得如此之窄？据《财经社》记者对华为的采访：以煤矿行业为例，这是一个涉及 20 个学科知识的行业，全国大大小小 5500 多家煤矿的地质条件和自动化程度相距甚远。一个合格煤矿的诞生需要整合的信息，来自地质学家、地理学家、机械专家、自动化专家、投资者、环保技术公司以及政府等多方资源的集体贡献。如果华为想深度做这个行业的生意，那么必须拥有专业的、长期跟踪研究的团队，而不是把行业概念套在 ICT 方案上做表面功夫。

这让我想起了任正非的一段话："不收窄作用面，压强就不会大，就不可能有所突破。华为只可能在针尖大的领域里领先，如果扩展到火柴头或小木棒这么大，就不可能实现这种超越。"

华为军团所选择的这些细分行业具有如下三个共同特征。

第一，这个细分行业的空间足够大，在全球具有较强的可复制性；这个细分行业里有很多客户希望用到数字化转型的方案。这点不难理解，华为军团本身是一个商业组织，不是科研组织，因此要追求自己的商业目标。

第二，这个细分行业要使用的产品和解决方案需要符合华为产品投资的主航道。很多行业可能也在做转型，但如果使用的产品和解决方案不是华为在产业上投资的主要方向，也不会作为华为设立军团的条件。华为的核心产业能力，总结下来就是联结、计算和云等方向。如果所在细分行业需要的产品和解决方案是符合这几个方向，就会成为设立军团的优先选择。

第三，华为设立军团时也会参考这个细分行业所处的数字化转型阶段。因为有的行业数字化转型推进节奏快，有的行业推进节奏相对比较慢。华为希望选择的细分行业，是对数字化转型的需求比较迫切且比较活跃的行业。对于数字化转型已经相对成熟或数字化转型还未起步的行业，华为设立军团的优先级相对会低一点。

特点 2：在华为内部具有很高的独立性

华为军团在进一步落实"把指挥所建立在听得见炮声的地方"，它和华为的三大主营业务，即运营商业务、企业业务和终端业务并立，集团公司给予各军团 CEO 足够的指挥权，在资产管理、粮食包管理、组织治理与监管关系等方面量身定制，让各个军团放手去干，从事前审批走向事中及事后监控。

特点 3：华为军团 CEO 的任命体现了"少将连长"的特点

华为军团从建制规模上看并非庞大的组织，一般一个军团的规模就几十人到一百多人，它更多的是一个拉通公司资源打造解决方案的组织。但是，对于一个特别细分的行业，任正非却任命一位级别非常高的领导当军团 CEO，比如华为运营商 BG CEO 邹志磊担任煤矿军团 CEO，华为企业 BG 常务副总裁马悦担任智慧公路军团 CEO。

值得注意的是，这些高级别的干部不是挂名，而是全身心地投入，为这个军团的运作绩效负责。

为什么这样设计？因为只有这些高级别的干部才能及时横跨三大 BG 调动公司内部最优质的资源，把该行业的场景做深做透，把"模具"开出来，后续才能全球复制。我在拙作《华为管理之道：任正非的 36 个管理高频词》中把这种"开模具"的方法称为"试点行"，也是"之"字形变革法的四大步骤之一，感兴趣的读者可自行参阅该书。

点石成金 | 德国物理学家赫尔曼·哈肯（Hermann Haken）把组织分为"他组织"（hetero-organization）和"自组织"（self-organization）两种类型。"他组织"是指通过外部指令驱动而形成的组织，"自组织"则是指按照默契的某种规则，自发地形成有序结构的组织。工业经济时代的企业大多采用"他组织"形式，而走进数字时代，因为环境的不确定性变大，很多企业纷纷放弃过去的"他组织"，开始拥抱"自组织"。

谈起"自组织"，有些读者容易想起曼德勃罗集（Mandelbrot Set），这是一个奇特的分形几何图案。在这个图案里，无论将图案放大多少倍，人们总能看到更加复杂的局部，具有无穷无尽的自相似性。其发现者伯努瓦·曼德勃罗（Benoit Mandelbrot）曾于 20 世纪 50 年代在 IBM 工作，提出过一个简单的方程：

$$Z_{n+1} = Z_n^2 + C$$

这个方程有一个非常重要的性质，它可以反馈到自身，集里的每个形状都包含了无限多个更小的形状，子曼德勃罗集会无限循环下去……数字时代那些采用"自组织"理论构建组织的企业，也呈现曼德勃罗集的迹象。这些企业把金字塔状的企业组织裂变为更加柔性化、更具自适应性的自主经营体，每个成员企业既能共享集团企业的品牌和平台资源，又能适应环境变化快速创造独特的价值。

2021 年华为开启探索的"华为军团"，就是这样的自组织。它不是一个仅仅针对细分行业的单点变革，其实是在华为公司一个大的组织体系化变革基础上面向行业市场进行的结构性调整。它是华为希望更多地面向代表处层面进行授权，同时推动集团从管控型总部走向服务型大平台的定位转变。

关于华为军团和华为一线代表处的关系，可以这么理解：华为军团是"野战军"，它没有非常厚重地集中各种资源，更多的是整合了科学家、工程师、专家，组成一个精干的队伍，穿插面向代表处作战，从而实现纵向和横向的拉通。

从本质上讲，华为更厚重的资源在代表处层面，从收入到盈利再到战略目标落地的很多决策权其实是授予代表处，而军团更多的是面向战略扩张、战役攻关、代表处赋能的组织。

华为在 2023 年新年致辞中特意强调做大做强代表处，并由轮值董事长兼任亚太地区某代表处代表，全面推动合同在代表处审结。

继续推进变革，激发组织活力，导向冲锋。全面推进"合同在代表处审结"落地，扩大"代表处综合业务变革"试点，充分激发一线经营活力并构筑"村自为战"的能力；继续完善和优化干部管理政策，坚定不移地推行任期制，夯实一线经验、基层经验及对关键岗位海外经验的要求，不断激活干部队伍，激励干部和专家积极冲锋。

华为是一家强绩效文化的企业。对待军团这种新的组织形态，华为采用赛马机制予以强淘汰，集团给予每一个军团成立之日起满足生存 18 个月的"粮食包"，如果没做起来，就被合并到其他军团或被裁撤。截至 2023 年 1 月，2021—2022 年成立的 20 个军团，已经有几个军团因绩效不理想被集团组织优化了。

无独有偶，2013 年，海尔将研发设计、生产、销售、服务等全流程所有部门分拆成几千个自主创业、独立运营的小微组织，截至 2022 年 11 月，海尔已拥有超过 4000 个小微组织。海尔的小微组织规模普遍不大，单个组织大多由 10 人组成，基于"人人都是 CEO"的理念，通过"人单合一"模式，让用户作为价值链的中心，让员工成为价值创造的主体而非客体，充分释放每个人的价值创造潜力，激发海尔整个组织的活力。而且，这些小微基于"链群合约"自主并联为生态链小微群，不断裂变，使得数字时代不断涌现的客户个性化需求得到海尔的及时响应和满足。

* 在本节写作中，吴辉、陈帮华、陈芳、王占刚、谭新德、郭为、曹仰锋等专家的睿智洞察与独到见解对我影响较大，向这些数字时代的先行者致敬。

重塑社会分工和人才结构

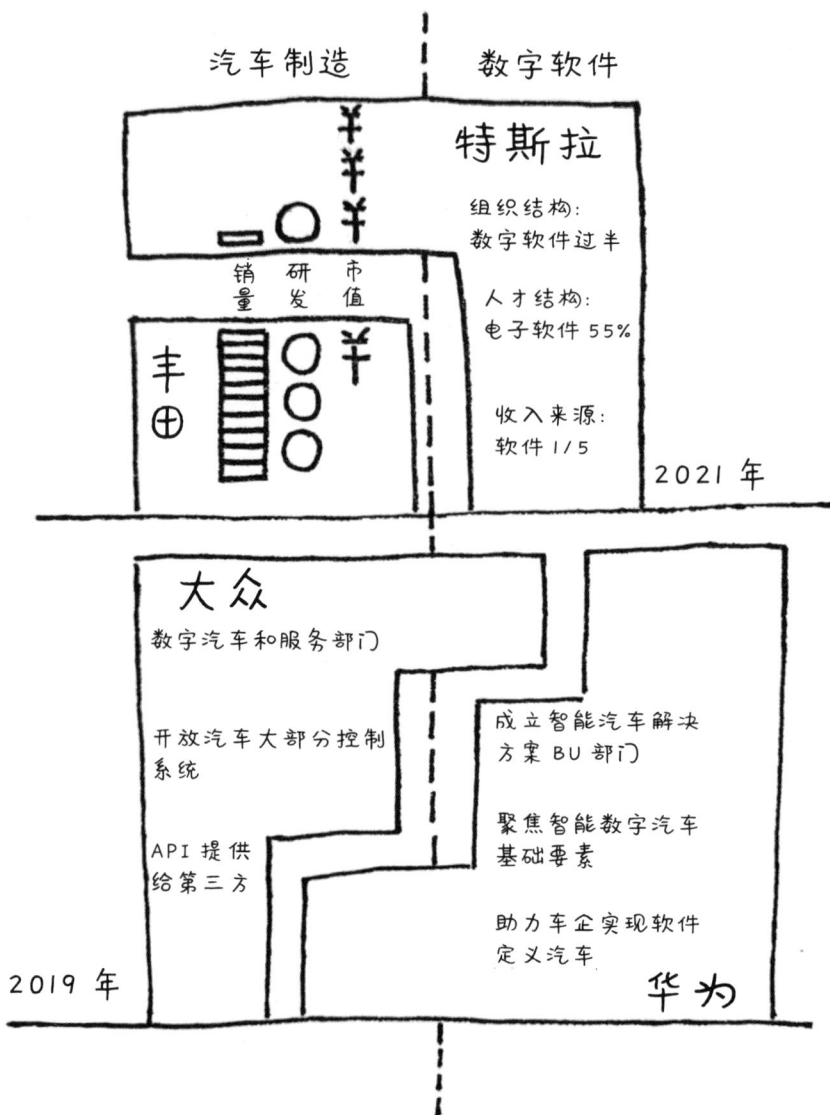

汽车制造 | 数字软件

特斯拉

组织结构：
数字软件过半

人才结构：
电子软件 55%

收入来源：
软件 1/5

丰田

销 研 市
量 发 值

2021 年

大众

数字汽车和服务部门

开放汽车大部分控制
系统

API 提供
给第三方

成立智能汽车解决
方案 BU 部门

聚焦智能数字汽车
基础要素

助力车企实现软件
定义汽车

2019 年

华为

视觉呈现：山水 sunshine

122

13
重塑社会分工和人才结构

从"特斯拉单挑全世界"到"软件定义一切"

话题焦点 | 为了统称中国造车新势力，人们以"蔚小理"这样一个很萌的称呼来简称蔚来汽车、小鹏汽车、理想汽车三家新能源汽车，并视其为汽车数字化转型的主力军。业务、市场、用户需求的快速变化，无时无刻不在推动企业商业模式及组织模式的变化。在"管理者的数字化转型"课堂上，我经常问学员一个小问题：蔚小理的老板们都是读什么专业的？他们是如何通过数字化互联网思维造车、主打智能科技配置走出一条差异化路线的？

他山之石

蔚来汽车创始人李斌，1996 年毕业于北京大学社会学专业，辅修计算机专业，2000 年创立易车服务网，2014 年创办蔚来汽车。

小鹏汽车创始人何小鹏，1999 年毕业于华南理工大学计算机专业。2004年，何小鹏创办 UC（旗下一个知名度很大的产品是 UC 浏览器），2014 年，UC 被阿里巴巴并购后，何小鹏先后担任阿里移动事业群总裁、阿里游戏董事长等职务。两年后，新能源市场蓄势向上，他从阿里巴巴离职，正式加入自己于 2014 年投资的小鹏汽车，担任董事长，开始全职造车。

理想汽车创始人李想，读高中时便兼职给 IT 类媒体供稿、运作个人网站，获得远超同龄人的收入，出于对 IT 的热爱，李想高考弃考，选择创业，先后创立泡泡网、汽车之家、车和家等网站，并在 2015 年创办理想汽车。

读者不难看到，这三位创业者都是计算机专业出身，对 IT 软件行业深有研究，在 2014—2015 年那一波新能源汽车的浪潮中迅速切入汽车产业，而且其领导的汽车企业都已成功上市。

无独有偶。2021 年 3 月 30 日，在经历了 75 天调研、85 场业内拜访沟通、4 次管理层内部讨论会后，带着 100 亿美元启动资金，52 岁的雷军宣布小米下场造车。"小米汽车将是我人生中最后一次重大的创业项目。……我深知做出这个决定意味着什么，我愿意押上人生全部的声誉，为小米汽车而战！"

雷军也是计算机专业出身，毕业于武汉大学计算机系。在决定造车前，他先后担任金山软件、小米手机等公司董事长。

放眼全球，汽车产业近几年发生了巨变。2008 年之后的 10 年，丰田汽车的市值一直雄踞全球第一，直到 2019 年被"软件定义汽车"提出者特斯拉超越，而且这一超越使得差距越来越大。以 2021 年 1 月 7 日的市值为基准，特斯拉市值 6590 亿美元，丰田市值 2150 亿美元，前者是后者的 3 倍。更让人诧异的是，传统汽车企业中的丰田、大众、奔驰、通用、宝马、本田、菲亚特、福特、日产、斯巴鲁加起来市值 6680 亿美元，约等于一个特斯拉。有媒体用"TESLA vs WORLD"（特斯拉单挑全世界）这一标题对此进行了报道。

在"管理者的数字化转型"课堂上，有学员问：是不是特斯拉的销量和研发投入超过传统汽车企业？

答案并非如此。以 2021 年特斯拉和丰田比较[⊖]：2021 年，特斯拉全球销量只有 94 万辆，而丰田全球销量 1050 万辆，特斯拉的销量只有丰田的 1/10；特斯拉全年研发投入约 26 亿美元，而丰田全年研发投入约 91 亿美元，特斯拉的研发投入只有丰田的 1/3，但研发投入的方向不同，丰田等汽车企业的投入方向以冲压、焊装、涂装、总装四大传统制造工艺为主，特斯拉的软件研发投入则远超传统汽车企业。

当一群计算机专业的创业者冲进这个行业，把汽车部件从机械硬件带向了软件化，"软件定义汽车"就成为这个行业的主基调，汽车制造商的业务模式、研发投入方向、利润来源、组织结构、人才结构等都因此发生了巨变。

从组织结构看，特斯拉与传统汽车企业差异很大。

以特斯拉 2019 年的组织架构为例，埃隆·马斯克担任首席执行官，下辖九员大将，分别是总设计师、材料工程副总裁、动力总成和能源工程高级副总裁、低压和硅工程副总裁、自动驾驶仪软件工程总监、人工智能高级主管、软件工程副总裁、车辆工程副总裁和汽车公司总裁。这九员大将中，与数字技术、软件专业相关的超过一半。

从人才结构看，2019 年特斯拉全职员工共计 4.8 万人，研发人员为 8700人，研发人员占员工总数的 18%。其中，电气电子工程、电子通信为主的电气工程师占研发人员的比例是 19%，计算机软件相关工程师占研发人员的比例是 36%，二者加起来占比 55%。这样的人才结构，与传统汽车企业的人才结构也差别巨大，特征不一。

从收入来源看，特斯拉也在颠覆汽车产业。2015 年 8 月，特斯拉推出辅

⊖ 综合中国汽车报网、财经天下周刊及第一电动网等多媒体多条报道。

助驾驶软件 Autopilot，其中 FSD 软件包解锁费用逐年上升，从 2015 年 8 月的 2500 美元增长为 2022 年 5 月的 10 000 美元。

FSD 软件包解锁费用 1 万美元是什么概念？特斯拉畅销车型 Model 3 整车的零售价才 4 万美元，也就是说，买了一辆车（硬件），还需要再花费 1/4 的价格买软件。除了辅助驾驶软件包需要收费，各种功能包也都在等着用户的付费解锁：花 300 美元可以解锁座椅加热功能；每个月支付 10 美元可以免费使用流量；花 3000 美元可以解锁加速性能升级包 "Acceleration Boost"，即可将 Model 3 的百公里加速时间从 4.6 秒提升到 4.1 秒。而且，这些功能升级不用到 4S 店，直接 OTA 空中下载技术升级。

这让传统汽车企业如坐针毡。德国大众汽车集团成立于 1937 年，是全球市值排名前三的汽车制造商之一。就在特斯拉登顶全球汽车企业排行榜的 2019 年，大众汽车成立数字汽车和服务部门，在一众传统汽车企业中率先行动，把汽车产品推向数字化方向。

大众汽车集团 CEO 赫伯特·迪斯（Herbert Diess）表示，大众要成为一家由软件驱动的汽车公司，汽车产品将会成为由软件定义的产品，将 "成为软件驱动的汽车公司" 确立为企业的战略目标。大众汽车集团还计划将 140 亿欧元的研发预算拿出一半投入软件研发。

大众汽车明确政策，大众接管汽车中核心零部件的软件开发工作，未来会开放汽车大部分的控制功能，以 API 的方式提供给第三方应用开发者，供它们通过软件定义功能。读者有没有发现，这与苹果公司推出智能手机后紧接着推出 App Store 生态很像？

有意思的是，同样也是在 2019 年，华为宣布成立智能汽车解决方案 BU 部门，聚焦智能数字汽车基础要素，助力汽车企业实现软件定义汽车。

有读者可能好奇，华为为什么也能进入汽车赛道？这要从一家企业的核心能力去找答案。华为是靠给电信运营商提供通信设备起家的，这些硬件设备的内核都是软件，中国软件公司 100 强排行榜中，华为连续多年都是排名第一。

电信场景对软件的功能、性能要求非常苛刻，为了达到高可靠、大容量、低延时，华为提供的软件必须达到"电信级"，比如一台交换机能支撑几十万人同时打电话，这一点的实现必须采用软件分层承载框架。因此，华为长期具有非常强的软件能力，随着汽车由"硬"变"软"，华为的优势愈发明显。

打一个比方，华为造车，只不过是将放在中国电信机房中的软硬件设备加上四个轮子和新能源电池，然后拉到大街上跑。当然，这是便于读者理解的形象比喻。真实的情况是必须对汽车产品软硬件做很深度的改造。

2022 年 7 月，余承东公布了一份数据：华为汽车 BU 部门直接投入的研发人员达到 7000 人，加上间接投入人员则达到 10 000 人，2022 年研发投入为 15 亿美元。

点石成金 | 历史总是惊人的相似。

数码相机于 1997 年进入主流市场，而柯达在此前一年就推出了第一台面向大众市场的数码相机，是全球最早投入数码相机研究的公司。但是，由于领导柯达研发预算和市场节奏的管理者大多数是化学专业出身，而且柯达待遇收入最高的技术人才也是化学家，不管是源于认知的局限性，还是出于保障自身利益考虑，都没有理由让学电子专业的人站在自己的头上，于是试图不断维系以化学为基础的胶卷的统治地位，直到最后柯达被市场抛弃。

数字化浪潮正在重塑社会分工和人才结构。2012—2022年这十年间，我国对1999年颁布的《国家职业分类大典》两度修订。在最新公示的职业分类大典中，首次出现了数字职业标识，数量高达90多个，包括"机器人工程技术人员""商务数据分析师""农业数字化技术员""增材制造工程技术人员"等。从这些新职业名称可以看出，如今，数字职业从业者已分布在社会生产、流通、分配和消费的各个环节，覆盖了第一、第二、第三产业。

2022年11月，在2022华为全联接大会上，华为轮值董事长胡厚崑做过一个分享：到2025年，ICT人才缺口将超过2000万人，新兴技术人才及复合型人才尤为紧缺。

在"管理者的数字化转型"课堂上，我常常用如下这句话总结以"软件定义一切"为特征的数字化转型路上的阻力根因：如果把下雨还是不下雨的权力交给一个卖雨伞的，那么雨是不会停下来的。

然而，时代巨轮滚滚向前，任何个人的利益在人类经济社会的大局利益面前，都如同一粒尘埃。不同的企业人才结构，面对同样的资源，将做出完全不同的成绩。为了破除阻力，组织唯有加大 ICT 人才的密度，才能形成更大的正向推动力。

* 在本节写作中，韦庆兵、唐文、唐湘民、李翔、阮开利、胡厚崑等专家的睿智洞察与独到见解对我影响较大，向这些数字时代的先行者致敬。

协同重塑数字化企业价值

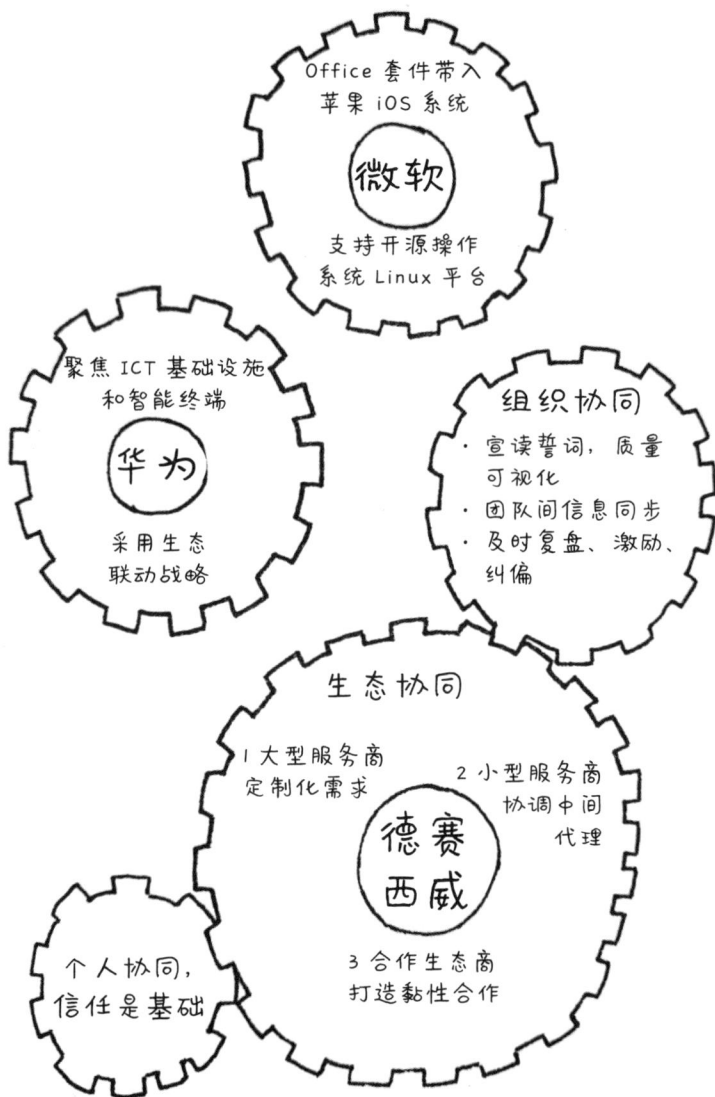

Office 套件带入
苹果 iOS 系统

微软

支持开源操作
系统 Linux 平台

聚焦 ICT 基础设施
和智能终端

华为

采用生态
联动战略

组织协同
- 宣读誓词，质量
  可视化
- 团队间信息同步
- 及时复盘、激励、
  纠偏

生态协同

1 大型服务商
定制化需求

2 小型服务商
协调中间
代理

德赛
西威

个人协同，
信任是基础

3 合作生态商
打造黏性合作

视觉呈现：山水 sunshine

14 / 1+1>2：协同重塑数字化企业价值

"孤勇者"并非主旋律，协同是时代的生存之道

话题焦点 | 在"管理者的数字化转型"课堂上，我常常以 F1 赛车的一段视频为课程热场。

创办于 1950 年的 F1 赛车，全称是世界一级方程式锦标赛（FIA Formula 1 World Championship），是当今世界最具影响力的赛车比赛，与足球世界杯、奥运会并称为"世界三大体育盛事"。

因为比赛过程中赛车有多次弯道漂移的动作，轮胎磨损比较严重，因此比赛中途，赛车必须停下来更换轮胎。

F1 刚刚创办时，场边技术工人用扳手把赛车上的旧轮胎逐一卸下来，然后把新轮胎逐一装上去，整个过程通常持续 5 分钟以上。

60 多年后的 2013 年，状况完全不同。在赛车还没有进入维修通道之前，10 多位技术工人已经在通道两边排着队各司

其职等候着，赛车甫一进场，迎接它的是车头方向伸入的一个特制千斤顶，瞬间把整个赛车架在空中，"咔嚓"一声四个旧轮胎同时卸出，"咔嚓"一声四个新轮胎随即嵌入，然后千斤顶一撤，赛车着地，继续飞奔向前，整个过程行云流水，用时不足 5 秒。

很多学员看完这个视频发出惊叹："我们还没看清楚，人家已经把活全部干完了！"

F1 赛车换轮胎的小案例，给了我们两个启迪：一个是工作的工具套件在不断迭代；另一个是整个团队的协同力在不断提升。关于工具的迭代，本书其他章节有专题探讨，这里不再赘述。这一节，我们聚焦探讨"协同"。

他山之石

1938 年，系统组织理论创始人切斯特·巴纳德（Chester Barnard）提出一个影响至今的观点：构成组织的核心是协同体系，而不是人手；个人行为非个人化，才能协同成为组织行为。

80 多年后的今天，人类步入数字时代，协同的意义越来越大。若将组织比作地球，总体朝着"经线变短，纬线变粗"演变：为了敏捷决策，纵向决策链压缩，组织越来越扁平，"经线"在变短；为了共享资源，横向的协同更频繁，"纬线"在变粗。

已有很多学者在其理论专著上阐述过"协同"的概念，我们在本书中主要从企业案例角度来探讨这一概念。我会在本节分享微软、华为、德赛西威三家企业的案例，并将重点放在我深度调研和服务过的德赛西威上。

案例一：微软

微软 CEO 萨提亚·纳德拉（Satya Nadella）在 2014 年刚上任时，向全体员工提出了三个问题：

1. 我如何利用公司已有成果来提升个人或团队的工作效率？
2. 我自己做了什么、创造了什么价值？
3. 我帮助别人或团队做了什么？

为什么纳德拉提出以上三个问题？因为在此之前，微软的每个部门都过于强调自身的价值创造，每个部门都想把自己做强，导致部门墙持续变厚、企业官僚主义横行等问题，影响了整个团队协作和经验分享。纳德拉下决心重塑微软企业文化，强调横向协同，强调平台和共享，从利己走向利他。

而在与合作伙伴、友商的协同上，微软也变得更加开放。同样是在上任伊始，纳德拉宣布将把微软的 Office 套件带入苹果移动操作系统 iOS 平台。后来，微软的开放态度也得到了苹果的积极响应，曾经打得不可开交的两家公司，坐下来共同优化 Office 365，使之更适合在苹果系列电子产品上运行。与此同时，微软的高管们以身作则使用苹果公司的产品，比如纳德拉在 Build 大会上使用苹果的 MacBook 电脑，微软 Office 市场营销负责人还出席了苹果 iPad Pro 发布会。这在以前是不可想象的场景。

在与开源合作伙伴的协同方面，微软也表现出超乎寻常的开放与友好。微软对开源操作系统 Linux 平台的开放支持也非常给力，让 SQL Sever 有了 Linux 的版本，开源了 Windows Terminal、Visual Studio，收购了 Github……这些与生态协同的努力，改变了微软在开发者群体中的固有形象，从封闭走向开放。

以上系列变革动作，换来了微软的再度崛起。在纳德拉接任微软 CEO 之时，微软公司的市值不足 3000 亿美元；2021 年 12 月，微软市值突破 2.5 万亿美元，稳居世界市值最高企业前列。纳德拉也迎来了个人的高光时刻，在 2021 年被董事会选举为微软公司董事长。这意味着，继创始人比尔·盖茨之后，微软再次出现集 CEO 和董事长大权于一人的局面。纳德拉把自己重塑微软的过程写成了一本书——《刷新：重新发现商业与未来》。该书已被翻译成中文版，感兴趣的读者可以参考。

案例二：华为

在接受学者彭剑锋的访谈时，华为总裁任正非曾提到，强者都在协同中产生，不能做独行侠。

我们要有原创创新精神，但并不等于完全自主创新，自主创新这个提法我不太认同，自主创新是封闭系统思维，华为强调开放合作，自己只做最有优势的东西，其他部分开放合作让别人做，不开放就是死亡。即使我们成为行业的领导者，我们也不能独霸天下，若华为成为成吉思汗独霸天下，最终是要灭亡的，我们立足于建立平衡的商业生态，而不是把竞争对手赶尽杀

绝，我们努力通过管道服务全球，但不独占市场。[一]

早在 2017 年，任正非就立志把数字世界带入每个人、每个家庭、每个组织，构建万物互联的智能世界。

我们通过数字技术的突破，带给客户更好的产品和服务，从而把数字世界带入人们的生活和工作中。我们实质是通过聚焦 ICT 基础设施和智能终端，提供一块信息化、自动化、智能化的"黑土地"，这块"黑土地"上可以种"玉米""大豆""高粱""花生""土豆"……

是让各个伙伴的内容、应用、云在上面生长，形成共同的力量面向客户。数字世界更有想象空间，可以有技术、内容和服务，可以是我们直接提供的，也可以是我们使能的。更多的技术、内容和服务，可以围绕客户的需求和体验全面地展开。也许我们会种一棵"高粱"，但万物的生长是千万个伙伴形成的。[二]

我在拙作《华为成长之路：影响华为的 22 个关键事件》中对此做过详细解读，从 2011 年把业务拆分成三个业务集团（运营商业务 BG、企业业务 BG、消费者业务 BG）开始，华为进入生态联动期。早在 2009 年，任正非为了让全体华为员工有行业地位转变的心理准备，发表了"深淘滩、低作堰"的著名讲话，这成为华为从独善其身迈向生态联动的重要标志。这次讲话后，

⊖ 彭剑锋．华夏基石 e 洞察独家专访任正非：华为的最高生存智慧只有一个字，"傻"！．华夏基石 e 洞察．2015-12-29.

⊖ 任正非 2017 年 11 月 20 日在公司愿景与使命研讨会上的讲话。

华为内部上下都在围绕"深淘滩、低作堰"六字古训写心得文章并进行大讨论，这是为华为从管理规范期迈向生态联动期进行思想"松土"。

当一家企业开始迈入生态联动期，在经营层面会普遍采用生态战略，也就是不再甘于自己赚钱，而是帮助生态伙伴赚钱，自己从唱戏者走向搭台者。近十年，华为一直在提倡"做厚供应商界面""做厚合作伙伴界面"，其实就是对开放协同发展理念的一种身体力行。

2019年以来，华为的外部环境发生了巨大变化。华为最大的困难已经不是"有没有"根技术的问题，而在于能否把生态做起来。生态又分两种，一是技术型生态，二是应用型生态。技术型生态和应用型生态都需要千行百业去使用，只有形成有效协同，生态才能繁荣昌盛，作为"黑土地"的华为，才能走向新的发展阶段。

案例三：德赛西威

德赛西威是国际领先的移动出行科技公司之一，创立于1986年，2017年在深交所A股上市，截至2022年4月，拥有员工5000余名。2021年，德赛西威实现销售额95.69亿元，同比增长40.75%。"协同"是德赛西威的五种文化之一，其协同体系分为三个维度：个人协同、组织协同、生态协同。

个人协同

"欲速独行，欲远众行。"德赛西威认为，个人协同是协同体系的基础，而个人协同的基础是信任。缺乏信任，公司内不同地区的员工就会在鸡毛蒜皮的事情上拉锯，无法形成有效协同。德赛西威在国际上设立了多个分/子公司，可以说，跨文化协同其实跨的不是距离，而是信任障碍。这个障碍看似存在于现实中，其实更存在于员工的思维习惯和行为方式里。在面对文化冲突时，员工如能积极学习和包容不同地区的文化，调整自身的思维习惯和行为方式，注意不同地区的文化差异，换位思考，求同存异，并善于使用机制来巩固信任关系，则能加速企业国际化战略早日落地。

组织协同

面向未来的不确定性，组织层面的协同变得越来越重要。为了形成组织层面的协同，德赛西威给出如下对策：站在客户的立场，以公司大局为重，忠于目标，淡化组织边界，齐心协力推倒部门墙，打造"无边界"组织。

一个典型的案例是智慧出行解决方案（Smart Solution）项目组。由于智慧出行解决方案在汽车电子领域是一个全新的理念，德赛西威创新性地采用"项目集"形式统筹管理，拉通惠州总部、南京、成都、新加坡等地研发团队，集成 11 个子项目联合作战。

2021 年 11 月至 2022 年 4 月，受中山大学之邀，我担任主笔作者，为德赛西威起草了一部《德赛西威工作法》。在我创作《德赛西威工作法》过程中，智慧出行解决方案项目组向我分享了三点组织协同心法，我觉得特别有借鉴性，也在这里分享给读者。

心法一：宣读协同承诺誓词，质量"上墙"可视化。营造一种相互承诺的氛围对协同的成败很关键。在智慧出行解决方案项目动员大会上，所有成员一起宣读承诺誓词，并在团队规章制度承诺书上签字——承诺在整个项目过程中高效协同，不给其他模块带来负面影响。为了落实这种相互承诺的可持续性，项目组每天将各个模块任务完成度和完成质量"上墙"可视化，通过墙上电视机滚动播放进度内容，促进暂时落后的模块团队成员知耻而后勇、奋起直追。

心法二：保证团队之间的信息同步。 项目组采用"瀑布＋敏捷"双模型项目管控，敏捷看板和每日站会双管齐下。每天早上 15 分钟，各子项目团队成员都会围在一张含有当日任务的细化看板前，逐一简要分享各自昨天任务的完成情况、需要其他模块协同的需求，以及今天的工作计划，最后由子项目经理把协同需求同步给其他子项目。在整个项目开展的 140 天中，11 个子项目团队每天的站会成为项目组一道靓丽的风景线，也养成了团队自主自觉的协同习惯。

心法三：及时复盘，及时激励，及时纠偏。 大胜利是由多个小胜利组成的。在每一轮冲刺结束后，项目组会及时安排复盘会，复盘结束后及时认可激励；各个模块关注成员交付成果和工作状态，及时辅导纠偏，保证"船"上的每根"桨"划动步调和力量一致，始终高速航行在主航道上。

生态协同

日本 7-Eleven 创始人铃木敏文有一句名言："组织不是建立在企业之内，而是企业之外！"[⊖]这句话旨在指出生态协同、价值共创对于新商业的重要性。从企业内部的组织协同走向企业外的生态协同，从固守公司某一职能领域到积极开放对接产业链资源技术，积极构建互惠互利行业生态圈，是一家公司打开协同体系新格局的重要体现。

德赛西威在生态协同方面的探索实践对本书的读者也很有借鉴意义。2019 年，车联网事业单元成立初期，德赛西威把"向汽车企业及用户提供生态服务"定为战略方向，通过生态服务的运营为公司创造新的商业模式。然

⊖ 绪方知行，田口香世．零售的本质：7-Eleven 便利店创始人的哲学［M］．陆青，译．北京：机械工业出版社，2016.

而，德赛西威人在执行这个战略时发现，互联网生态服务"上车"有先后，每一个生态伙伴的诉求、商业模式都不太一样：大型服务商无法给各家汽车企业提供太多的定制化功能，它们更希望专注于自己的基础能力，上层太多定制化开发耗时耗力，产出较小；小型服务商由于专注领域较小，公司规模不大，抗风险能力、履约能力较差，而汽车企业一般要求5~10年的服务保障，很多小型服务商是做不到的。

经过多次磨合，德赛西威给出了三种不同的生态协同策略。

对于大型互联网服务商，采用战略年度合作的模式，德赛西威发挥软硬件定制化能力的优势，满足客户的定制化需求，服务商提供基础能力，解决它们定制化服务的繁杂，双方以年费等方式实现商业上的共赢。

对于小型互联网服务商，德赛西威作为服务中间代理商，采用云对云的方式向客户提供服务，解决汽车企业的车辆量产后持续服务的后顾之忧。

对于合作意愿强的生态商，德赛西威的产品经理与对方团队以定期研讨会的方式进行产品创新碰撞，从产品创新合作上切入打造具有黏性的合作关系。

分级的生态协同策略取得了显著效果，越来越多的生态伙伴加入德赛西威的生态。一个典型的成功案例是德赛西威与小米公司的合作。小米在IOT领域有很强的行业影响力，德赛西威在底层硬件平台化能力则可以帮助其快速拓展车载业务，减少定制化工作量。与此同时，在上层引入IOT的合作应用也可以快速丰富德赛西威的生态。1+1>2，这让双方很快走在一起。随着合作的深入，双方也挖掘出越来越多的合作点，包括无线充电技术、无钥匙进入、手机车机互联等。2021年，德赛西威与小米公司联合亮相北京车展，尤其是车载无线充电产品获得了客户的广泛关注。

基于为生态伙伴创造价值的灵活协同策略，德赛西威车联网事业部花了3年的时间整合了200多家主流服务生态商。通过生态协同，积极构建生态圈，德赛西威与生态伙伴的关系超越了传统的采买关系，在整个产业链中展开多领域、多产品的紧密合作，也开拓了豪华车品牌的新业务，开启了新的商业模式。

企业协同从独善其身走向兼济天下，形成生态共同进步，已经越来越流行。近几年来，我见证了多家优秀企业的实践。

中泰家具集团，知名的大型办公家具企业，它将全国核心经销商合作伙伴组合为"战略发展委员会"，并在每年7月组织线下集体学习。2021年在长沙，我给他们讲授"华为干部培养"课程，2022年在中山，我给他们讲授"华为企业文化"课程。

万和电气，国内生产规模最大的燃气具专业制造企业之一，经常把供应商合作伙伴召集在一起学习。2022年，万和电气邀请我给公司管理层和供应商合作伙伴讲授"管理者的数字化转型"课程。

拓璞电器，知名的高端小家电制造商。拓璞电器董事长邀请我给其企业管理层讲授"华为管理之道"系列课程时，特意邀请其合作伙伴——倍轻松公司的董事长和核心高管一起学习。

…………

这些案例说明，数字时代，甲方和乙方之间的关系，已经不再局限于买卖关系，而是共同成长的学习型生态伙伴关系。

点石成金 | 我们正处于信息大爆炸的数字时代，一个人不管如何努力，力量总是有限的，唯有协同数百人、数千人乃至数万人一起奋斗，共同站在数字化巨人的肩膀上，才能勉强摸得到时代的脚。通过微软、华为、德赛西威等头部企业的探索，我们更要相信："孤勇者"并非时代的主旋律，协同才是数字时代的生存之道。善于协同众力，将无敌于天下；善于协同众智，将无畏于圣人。

＊在本节写作中，孔令博、切斯特·巴纳德、萨提亚·纳德拉、雷建平、彭剑锋、陈春霖、高大鹏、严晓洋、林广球、刘玲芳、杨嘉炜、储小平、陈刚、韦小妹、郭竞、周诚、徐志宏、莫嘉荣、郭璐洋等专家的睿智洞察与独到见解对我影响较大，向这些数字时代的先行者致敬。

下篇

技术加速度

不做数字时代的"马车商"

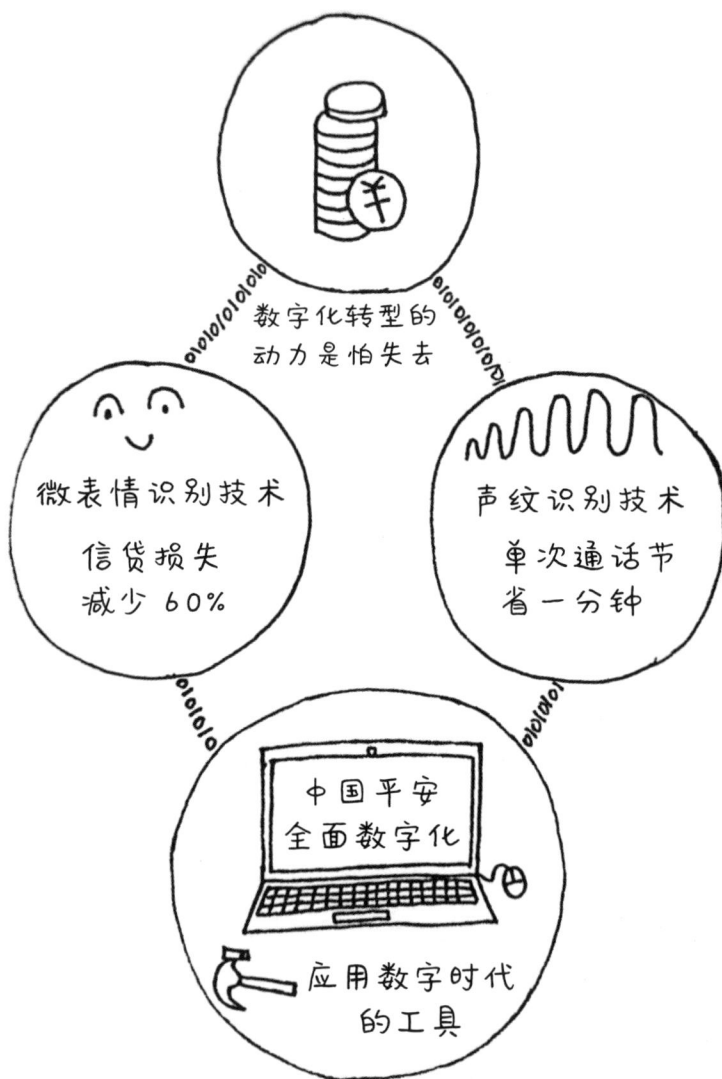

数字化转型的
动力是怕失去

微表情识别技术

信贷损失
减少 60%

声纹识别技术
单次通话节
省一分钟

中国平安
全面数字化

应用数字时代
的工具

视觉呈现：山水 sunshine

15 / 不做数字时代的"马车商"

每一代人都有自己的专属工具

话题焦点 | 多年前，海尔张瑞敏有一句名言："没有伟大的企业，只有时代的企业。"我想在这句话后面补充一句话："每一代人都有自己的专属工具。"我常常有一个担心：我们会不会在口头上呼吁拥抱数字时代，但手中的工具一亮出来就露馅了？

他山之石

人类的能力是有缺陷的：飞翔的速度比不上飞鸟，奔跑的速度比不上猎豹，潜游的速度比不上梭鱼。好在人类会制造和使用工具，分别发明了飞机、汽车、轮船并将其转化成生产力。从农业经济社会到工业经济社会，再到如今的数字经济社会，工具的演进使得千行百业发生了巨大变化。

以最为古老的农业为例。我们的祖辈，多年来习惯于脸朝黄土背朝天的农耕模式，锄头是他们耕作生产的最好工具之一。我们的父辈，受益于工业化的浪潮，拖拉机、收割机、脱粒机、播种机、插秧机等的应用与普及，大大解放了畜力和人力，以拖拉机为首的农用机械成为父辈开展农业生产的最好工具。到了我们这一辈，农业机械从地上转向空中，农用无人机越来越普及，可以实现药剂喷洒、种子播撒、粉剂配置，以及农作物生长发育状况的远程监控等。

是不是锄头干不了新时代的农活？不是！而是新时代的新农民呼唤新的生产效率。

2022 年 8 月 20 日，中央电视台《新闻联播》以"解码十年：中国掀起数字化浪潮"为题，对党的十八大以来我国数字经济的发展做了 4 分钟专题报道，其中涉及农业数字化转型时，用了如下这段文字。

这是根据全国数万架农业无人机飞行轨迹生产的数据图，一簇簇光团随季节更替，出现在从南到北的农业主产区。在新疆巴音郭楞蒙古自治州，2021 年，广袤的棉田上出现了从未有过的身影。两个人、4 架无人机、300 多套智能设备，完成 3000 亩[⊖]棉田的"从种到收"。

无人播种机在大地上拖出笔直的痕迹，路线误差在 2.5 厘米以内，浇灌、监测、施肥，一个小小的平板电脑就能搞定。当收获的季节到来，这块 3000 亩的棉田共收获棉花 700 吨。曾经依靠传统方式的农业生产插上这一个个数字化工具的翅膀，以超乎想象的速度迈向现代化。

从中读者可以看到，连农业这么古老的行业所使用的工具都在发生如此大的变化，从锄头到拖拉机，再到如今的农用无人机，我们有什么理由不更新迭代我们手中的工具？

我在"管理者的数字化转型"课堂上，常常这样给管理者打比方：假如各位的企业有幸存活 50 年，在 50 周年庆典上要发布一本属于你们所在企

⊖ 1 亩 ≈ 666.67 平方米。

业的成长传记。隐去企业的名字，如果读者读完后感觉看到了一个"老古董"——企业身处 21 世纪，思维方式和生产工具却停留在 20 世纪，那么企业的数字化转型就是纸上谈兵。

什么叫"时代的企业"，最直接的体现首先是在工具的使用上。而且，每一代人都有属于他们自己的专属工具。

19 世纪，英国皇家风格的精致马车热销全球，成就了一大批马车商。1886 年，世界上第一辆汽车在德国诞生，这就是奔驰汽车的前身。面对新的竞争者，绝大多数马车商坚持认为，人们几百年养成的乘坐马车出行的习惯不会轻易改变，于是坚持对马车精雕细琢，致力于让马车的车身更加宽大、舒适，把四轮雕刻得更精美，让马鞍更符合人体工程学，让车尾的金色雕塑群更加光彩夺目……

只有一个人很警醒，这个人就是威廉·杜兰特（William Durant）。1908 年，他是美国最大的马车商。他认为马车作为出行工具将逐步被淘汰，人们终将拥抱新的出行工具，于是果断买下了别克汽车公司。

之后，汽车行业快速崛起，马车行业快速没落，昔日辉煌的马车商纷纷破产倒闭，而杜兰特基于别克汽车公司不断探索发展之路，之后将公司发展成通用汽车公司。尤其是在传奇总裁阿尔弗雷德·斯隆（Alfred Sloan）的带领下，通用汽车成为美国汽车行业的领导者。

有一次，我在南京参观菲尼克斯电气（中国）公司，其总裁顾建党也给我们分享了这个故事，并发出一个提醒：面对新时代，有的企业能够刷新自我，拥抱未来，而更多的企业仍沉溺于以往积累的点滴优势不能自拔。不做数字时代的"马车商"是对每一位企业家的提醒。

关于为什么要走数字化转型之路，很多企业领导者一直希望把转型的收益算得非常清楚才启动，事实上，我不得不说，从那些已经上路的企业来看，"怕失去"比"将得到"是他们转型的更大动力。2002 年诺贝尔经济学奖得主、"经济心理学"之父丹尼尔·卡尼曼（Daniel Kahneman）谈到的"确定效应"和"反射效应"对此做出解释：确定效应是在确定收益和"赌一把"之间，多数人会选择确定收益；反射效应是在确定损失和"赌一把"之间，多数人会选择"赌一把"。

当数字化浪潮涌来，企业不转型的风险是确定的（类似固守"马车"），但转型的收益是不确定的（类似拥抱"汽车"）；数字化转型的动力往往也不是因为收益算得非常清楚，而是因不转型付出的代价难以承受。

我们必须敬畏时代，常怀忐忑之心。在这方面，中国平安的表现十分优秀。

中国平安创始人、董事长马明哲很早就觉察到数字时代的市场竞争将更加激烈，呈现赢家通吃的态势。他向中国平安的全体员工发出号令——全面数字化必将成为中国平安可持续发展的"压舱石"与"领头雁"。他讲了如下一段话。

21 世纪，数字化浪潮来袭，将进一步在各行各业引发颠覆式革命，改变人类生存、发展的方式。我坐在办公室中时常感到诚惶诚恐、提心吊胆，担心一不留神就落后于人，不知不觉就被数字时代淘汰。数字化是 21 世纪推动人类社会进步、提升生产力的基础工程，是人类跨越式提升认识水平和能力的革命性进步。2021 年，进入平安的第四个发展 10 年。未来 10 年，平安集团要成为全球数字化战略及发展的领导者之一。

企业领导者有这样的危机感，管理者和员工就会想方设法去拥抱时代。学者武常岐、董小英等在《创变：数字化转型战略与机制创新》一书中讲过中国平安的两个小案例，讲述这家公司是如何应用新的数字技术工具实现高效业务运作的。

这两个小案例对我启发挺大，也在这里分享给读者。

案例一：微表情识别技术助力审查贷款风控

这是刊登在《经济学人》上的一项成果研究报告。

中国平安的微表情识别技术（Micro Expression Recognition）能够辨识54个短暂、不自主的微表情，这些表情往往在大脑有机会控制面部运动之前流露在人的脸上，比如眼球来回转动和快速眨眼等，大部分仅持续1/15秒到125秒。

中国平安使用微表情识别技术来审查贷款申请，捕捉用户面部表情的微妙变化，用以识别和警告欺诈的风险。一旦发现有问题，相关客户便会被标记出来，以便接受额外调查。据中国平安技术人员的报告，微表情识别技术比其他欺诈检测的方法更准确，精确度最高可达98.1%。这项技术作为尽职调查工具之一，有助于企业通过远程信贷服务于更广泛的客户群。借助这项技术，中国平安的信贷损失减少了60%。

另外，中国平安基于心理学的大数据系统开发解决方案，精准推理用户心理和情绪变化，判断用户是否存在欺诈嫌疑，可识别10种情绪，识别精度最高可达98.2%，成为远程审批过程中一个强有力的审贷辅助工具。尽管业界对以上技术存在争议，但是中国平安在实践中对其加以甄别，进行探索使用。

案例二：声纹识别技术助力呼叫中心客户身份认证

中国平安呼叫中心有 85000 个座席，每天接到的电话超过 100 万通。当客户拨打客户热线时，客服人员以前需要通过多个问题才能确保来电者是不是客户本人，这项身份认证过程平均需要 80 多秒。如果利用声纹识别技术做认证，通过客户的声音与之前的通话录音比对，5~10 秒的正常对话就可以辨别是不是客户本人，准确度达到 99.7%，客户也只需直接说明想要办理什么业务，无须再有一个身份盘查对话，客户体验满意度因此大大提高。应用声纹识别技术，单次通话看似仅仅节省了 1 分钟，但是乘以每天 100 万通电话这个基数，一年下来便多达 5 亿分钟，而这些都是帮助客户节约下来的时间。

点石成金 │ 没有衰落的行业，只有衰落的企业。

各行各业的价值并非消失了，而是在行业内不同玩家之间悄然转移。

手机行业，价值从诺基亚、摩托罗拉向苹果、三星、小米、OPPO、vivo 转移；汽车行业，价值从丰田、大众、福特向特斯拉、"蔚小理"转移；零售行业，价值从国美、苏宁向亚马逊、京东、天猫、拼多多转移；广告行业，价值从报纸、电视台向谷歌、百度、抖音、快手、B 站转移；等等。

2017 年 1 月，在华为市场大会上，任正非给华为市场体系的干部讲了一席话。

历史总是会优胜劣汰的，我们力争晚一些被淘汰，但我们永远左右不了历史，只有努力在顺应历史中，顽强地表现自己。千古兴亡多少事，不废江河万古流。多少公司在繁荣鼎盛时期轰然倒下，鲜花的背后可能是墓志铭。……

在2022年11月举办的2022华为全联接大会上，华为轮值董事长胡厚崑发表了题为"释放数字生产力，激发行业新增长"的主题演讲，分享了一组数据："中国已有全球覆盖最好的5G网络，光纤普及率接近100%；算力规模排到全球第二；人工智能、大数据、区块链等技术在越来越多的企业得到使用……"

中国的数字化转型在技术基础设施方面有了很好的积累，数字化技术已经应用于各行各业，这是中国数字经济未来大发展的信心所在。融入数字时代，首先表现在使用这个时代的工具上。我们要相信，人们适应新工具的节奏，远比我们想象的快得多。

*在本节写作中，唐文、顾建党、俞文勤、王甲佳、丹尼尔·卡尼曼、安筱鹏、武常岐、董小英、胡厚崑等专家的睿智洞察与独到见解对我影响较大，向这些数字时代的先行者致敬。

企业数字化转型的路径范式

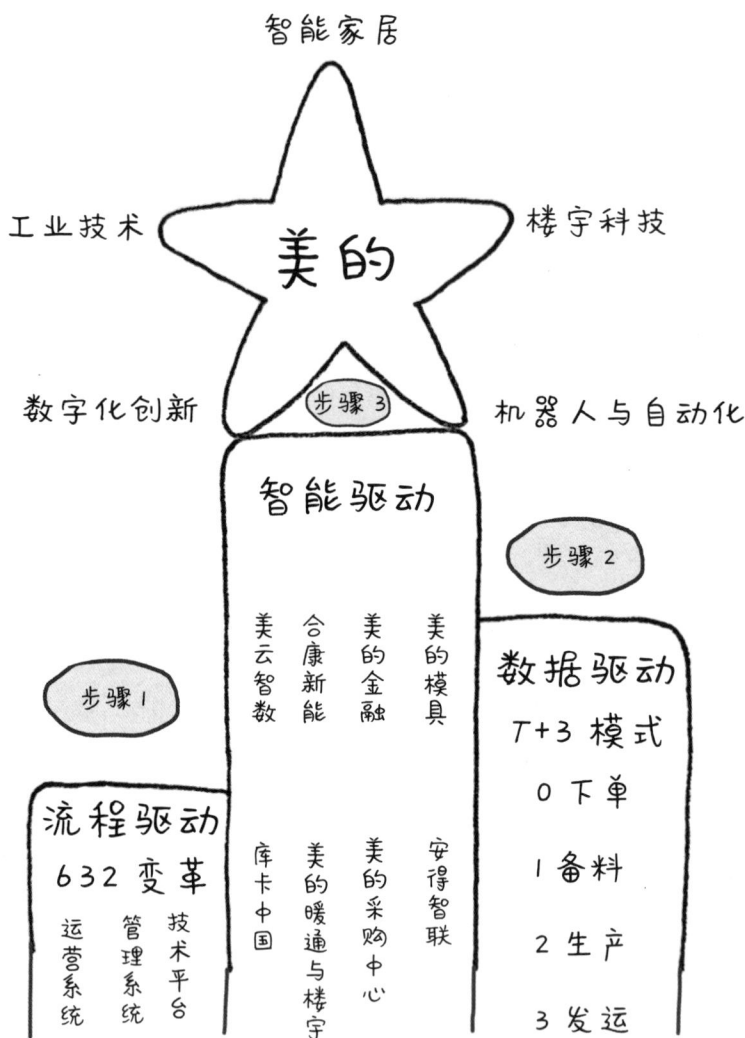

智能家居

工业技术　　　　　　楼宇科技

美的

数字化创新　　步骤3　　机器人与自动化

智能驱动

步骤2

步骤1

数据驱动

T+3 模式

0 下单

流程驱动

632 变革

1 备料

2 生产

3 发运

美云智数

合康新能

美的金融

美的模具

技术平台

管理系统

运营系统

库卡中国

美的暖通与楼宇

美的采购中心

安得智联

视觉呈现：山水 sunshine

16 / 企业数字化转型的路径范式

流程驱动 → 数据驱动 → 智能驱动

话题焦点 | 从"管理者的数字化转型"课前调研反馈来看，很多管理者关心一个问题：企业数字化转型有没有一个基本路径范式？答案是——有。本节我们一起聚焦这个话题：企业数字化转型的路径范式。

他山之石

《华为数字化转型：企业持续有效增长的新引擎》一书，为企业数字化转型勾勒过一条基本路径：流程驱动→数据驱动→智能驱动。在那本书中，周良军和我主要以华为作为全景案例展开解析。可能有一些读者读完有疑问：会不会因为华为有其特殊性才选择这样的路径？不是。据我的观察和研判，非数字原生企业的数字化转型，都可以采用这条路径。在本书中，我用一个与华为业务特征差异非常大的企业案例——美的数字化转型之路来佐证这个论断。

美的创办于 1968 年，是当前中国创办时间最早的现代民营企业之一，于 1980 年进入家电领域。如今，美的对自己的定位是"经过 50 多年的发展，成长为一家集合五大板块业务的科技集团"。这句话中有两个关键词："五大板块"和"科技集团"。首先，美的不再只是一个家电制造企业，如今业务范围涵盖"智能家居""工业技术""楼宇科技""机器人与自动化""数字化创新"五大板块，已成功转变为多品类、多产业和全球运营的企业集团。其次，既然美的把自己定位为科技公司，必然会把数字化作为重要生产资料进行战略投入。美的对外发布的数据显示，2012—2022年，美的集团在数字化转型上累计投入超过170亿元。

2012年，美的集团创始人何享健正式退休，时任职业经理人方洪波接任美的集团董事长。彼时，美的销售额已突破1000亿元，但利润状况不佳，一些市场区域出现销售量增长但利润下滑的反差现象，表明这是一条不可持续的发展之路。方洪波经过多方位调研，决定把美的带上数字化转型之路。

站在转型十年之后的今天，我们复盘美的数字化转型路径时发现，这家企业与华为数字化转型路径如出一辙，同样遵从流程驱动→数据驱动→智能驱动的路径。

第一阶段：流程驱动

2012—2015年，美的启动了著名的"632变革"。所谓"632"，是指6大运营系统、3大管理系统、2大技术平台。

6大运营系统：产品生命周期管理系统（PLM）、企业资源计划系统（ERP）、高级计划与排程系统（APS）、制造执行系统（MES）、供应商关系管理系统（SRM）、客户关系管理系统（CRM）。

3大管理系统：商业智能系统（BI）、财务管理系统（FMS）、人力资源管理系统（HRMS）。

2大技术平台：美的信息门户（MIP）、美的开发平台（MDP）。

我在拙作《华为成长之路：影响华为的 22 个关键事件》中解读过企业发展的组织演变案例。1998 年前后，华为和美的都迈向大型企业的行列，但两家企业采用了两种不同的组织方式，华为采用了矩阵型组织，美的采用了事业部组织。

经过十多年的发展，2011 年，华为转型为事业部组织，把公司业务拆分成运营商 BG、企业 BG、消费者 BG 三大事业部。

2012 年上任美的集团董事长的方洪波，选择把美的事业部拉通整合成统一平台。当时美的有 10 多个事业部，每个事业部都有自己的流程、数据口径和 IT 系统。

当时，事业部制组织虽能激发团队的自主性和灵活性，但横向协同起来难度很大，成本和效率消耗太大。以 ERP 系统为例，供应商各异，即使同一个供应商，版本也各异，导致各事业部之间的流程与数据相互连通极度困难。这就像一群人在会议室开会发言时各讲各的地方语言，有人讲苏州话，有人讲广东话，还有人讲闽南语，无法有效沟通。当沟通都成为难题，就不要谈什么共享了。解决之策是什么？必须让大家都讲普通话。

于是，方洪波提出变革的目标：一个美的、一个体系、一个标准、一个流程、一个数据、一个系统。这里的"一"，是集团视角的统一，并非数量。

2014—2015 年，美的在"632 变革"进入深水期时，邀请华为规划咨询团队为其提供咨询服务，华为团队在"632 变革"中的定位是变革项目办公室（PO），帮助美的横向拉通从而协同各个变革项目的架构和进度。当时，我有幸深度参与这个项目，近距离见证了一个追求卓越的家电企业在凤凰涅槃时所展现的超越常规公司的勇气。

"632 变革"给美的带来了巨大变化。我们通过一些指标来对比变革前

（以 2011 年为基准）和变革后（以 2015 年为基准）的变化。

在物料管理上，变革前是非数字化物料管理，变革后形成超过 60 万条物料主数据。在产品品类和产品型号上，从变革前的 64 大类、4000 个型号缩减到 32 大类、2000 个型号，缩减 50%。在供应商、渠道、客户的协同上，从非协同的制造转变为协同超过 2 万家客户和 2.5 万家供应商、渠道库存从高达 160 亿元降低到 77 亿元。在企业绩效方面更为显著，在保持营业收入基本维系不变的情况下（从 1341 亿元提高到 1384 亿元），削减了一半的人力（从 19.6 万人减少到 10.5 万人），人均创收增加近一倍（从人均 68.4 万元增长到 131.8 万元），净利润增加一倍（从 67 亿元增长到 136 亿元）。

不难看出，美的数字化转型在第一阶段所取得的成效，核心举措不是开源（即销售收入维系不变），而是节流，要点是通过横向协同、流程驱动产生集团整体集约效应。

第二阶段：数据驱动

2015—2019 年，在实现基本的流程互联和系统互通后，美的数字化转型从整顿内部管理走向推动全价值链数字化经营，"T+3"是这个时期变革的主线。美的市场分为内销和外销两类，每一类从客户下单到订单结转、物料齐套、成品完工，再到客户收货，使用数据驱动端到端的协同，充分地协同供应商和渠道商。

美的把从客户下单到客户收货分为四个阶段，分别为 T_0 阶段：下单周期，T_1 阶段：备料周期，T_2 阶段：生产周期，T_3 阶段：发运周期。

美的要求内销市场的每个阶段最多花费 3 天时间，意味着客户在 12 天内必须拿到产品，而且客户可以清晰地看到工厂的产能和进度。这使得美的可以大幅度提升整个工作效率，完全改变了与客户和供应商的合作模式，整个调度监督工作切换为监控系统自动完成，调度人员从上百人减少到10人以内。

从本质上讲，"T+3"是C2M模式，我在本书介绍青岛酷特智能数字化转型案例时将对C2M模式做较为详细的介绍，在此不再赘述。

"T+3"变革给美的带来了巨大变化。我们可以通过一些指标来对比变革前（以2015年为基准）和变革后（以2019年为基准）的变化。

在制造效率上提升70%，从人均标准台204台到人均标准台380台；生产损耗PPM值[⊖]从72下降到20，降低72%；原材料库存7500万件下降到500万件，降低93%；物料提前期从54小时缩减到15小时，缩短72%；在企业绩效方面带来相应的明显变化：年销售收入从1384亿元增长到2782亿元，增长了一倍，然而员工数量没有显著增长，从10.5万人增长到13.5万人，只增长了29%；从131.8万元增长到219.1万元，人均创收增长约66%；净利润增长了一倍，从136亿元增长到273亿元。

读者不难发现，因为第一阶段"632变革"打下的良好管理基础，在第二阶段"T+3变革"时通过数字化整合供应商和渠道商资源有了明显的优势。从策略上看，第一个阶段表现在节流上（营业收入从1341亿元增长到1384亿元，员工数从19.6万人减少到10.5万人），第二个阶段则表现在开源上（营业收入从1384亿元增长到2782亿元，员工数从10.5万人增长仅增到13.5万人）。

这并非孤例，数字化转型就是具有这种厚积薄发的优势，一旦基础打牢固，后面的放量会非常明显。

⊖ PPM值 = 不合格品零件总数 / 零件总数 ×1000000

第三阶段：智能驱动

这个阶段和第二阶段有一定交叠，开始于 2017 年，延续至今。

2016 年 5 月，国务院出台《关于深化制造业与互联网融合发展的指导意见》，鼓励有条件的产业龙头企业牵头搭建"工业互联网"。自 2017 年开始，包括三一重工、美的在内的多家具有产业能力的领军企业均把"工业互联网"作为战略机会。

经过两年左右的推动，到了 2019 年（中国 5G 元年），5G 建设为数字基础设施提供了良好的条件，"新基建"等概念逐步在中国流行起来，这时人们对数字化转型的期待更高了，慢慢地加入了"智能"特征，以至于有些媒体直接用"数智化转型"一词替代"数字化转型"。

美的基于前两个阶段数字化转型的成果，整合输出多个创新业务能力，包括美云智数、库卡中国、合康新能、美的暖通与楼宇、美的金融、美的采购中心、美的模具、安得智联等。其中，美云智数被视为美的自身数字化转型的能力外溢，与数字化转型密切相关。

美云智数是 2016 年美的在深圳注册的一家科技公司，以服务的方式对外输出美的自 2012 年以来的数字化转型经验。这家公司规模最大时，员工人数超过 2000 人，2022 年 9 月约 1600 人。

美云智数的定位是全球领先的数字智造和产业互联网的软件和云服务提供商，为汽车汽配、电子半导体、农牧食品、家居建材、日化等行业提供服务，主要产品包括数字化转型咨询规划方案、行业产品解决方案、数字化研发创新套件、数字化制造套件、供应链管理套件、数字化营销套件、大数据套件、AI 智能套件、工业互联网平台、产业互联平台等。

这些服务放在一起看，具有纵向一体化特征。为什么美的可以提供这些服务？因为截至 2022 年 10 月，美的集团已拥有 5 座"世界灯塔工厂"（广东南沙空调工厂、广东顺德微波炉工厂、广东顺德厨热工厂、安徽合肥洗衣机工厂、湖北荆州冰箱工厂），实现了传统白色家电 4 大类别（空调、微波炉、冰箱、洗衣机）全覆盖。这对工业客户而言，就是最好的样板点。

有意思的是，当我在"管理者的数字化转型"课堂上，多次隐去美云智数公司的名字向学员们展示它所提供的产品与服务列表，向学员提问这是哪家公司提供的服务时，超过 90% 的学员都没有想到这是一个家电企业提供的服务，因为在这张列表中看不出任何家电企业的痕迹。有道是"士别三日，当刮目相看"，何况美的在数字化转型之路上已磨砺 10 多年。我们要相信时间的力量，功不唐捐。

点石成金 | 企业开展数字化转型，遵从一条基本路径：流程驱动→数据驱动→智能驱动。然而，知易行难，哪怕我们已经了解其他企业完整的转型路径，轮到自己的企业开展数字化转型时，也要亲自走一遍这条路径，没有捷径可走。

在中国的三大家电制造企业中，我最看好美的的未来。这不仅因为我在华为工作期间为这家企业提供了两年咨询服务从而对它产生了深厚的感情，更重要的是因为方洪波所布的局非常具有张力。

十多年来，美的集团自身经历了 632 变革、*T*+3 变革、工业互联网平台建立等多个阶段的数字化转型探索。未来路向何方？这可以用方洪波 2020 年在美的集团经营管理年会的话加以表述。

"全面数字化、全面智能化"是创新变革的重中之重，是美的集团目前最核心的战略，我们会更坚定地投入，进行更前瞻性的布局。未来我们要打造数字化美的，希望通过几年的时间实现真正完全价值链意义上的数字化！

*在本节写作中，周良军、陈雪频、王涛、谷云松、张小懿、郑誉、谢康、肖静华、武常歧、董小英等专家的睿智洞察与独到见解对我影响较大，向这些数字时代的先行者致敬。

流程驱动的范式

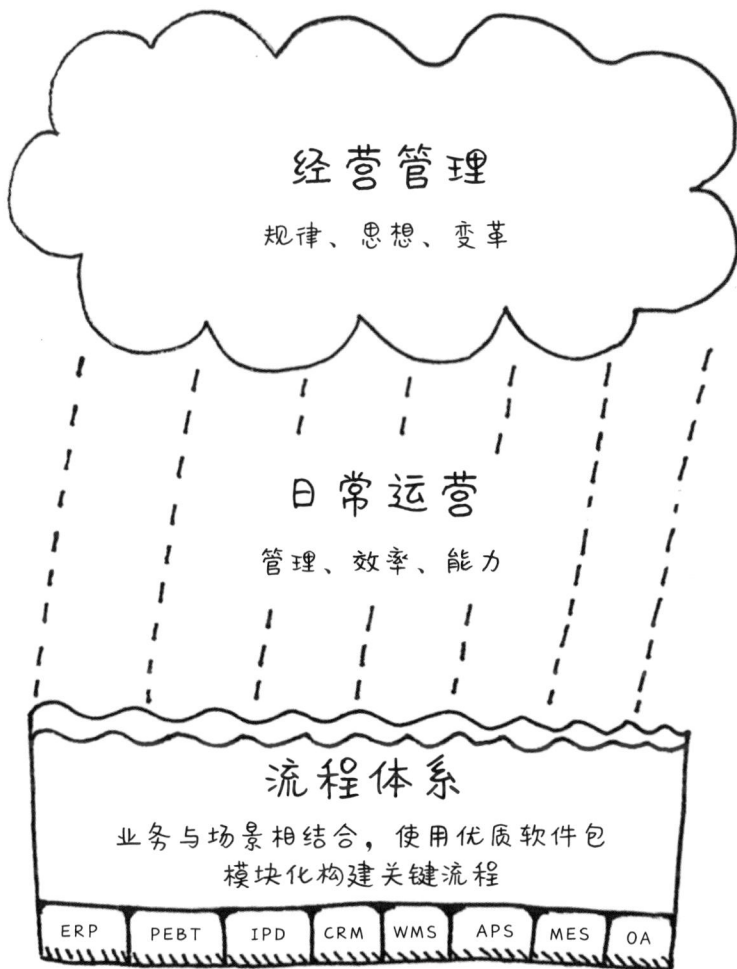

经营管理

规律、思想、变革

日常运营

管理、效率、能力

流程体系

业务与场景相结合，使用优质软件包
模块化构建关键流程

| ERP | PEBT | IPD | CRM | WMS | APS | MES | OA |

企业开展数字化转型，首先需要审视自身
业务流程是否畅通高效

视觉呈现：山水 sunshine

17

流程驱动的范式：要想富，先修路

华为"云、雨、沟"经营管理哲学启示

话题焦点 | "要想富，先修路。"任正非在谈论华为管理变革、数字化转型成果时常常提及这句俗语。任总还很喜欢"拉通"一词，在他看来，路不通，则一切白搭。

你可以想象一种场景：你新买一辆崭新的摩托车代步，结果每每经过一段被水冲断的山路时，你必须下车、扛上摩托车走过这段路，得多么麻烦，又多么绝望。更重要的是，即使换成更新、马力更大的摩托车（隐喻为引入更新的技术）也无济于事。而修路、拉通等词语，落在企业的数字化转型场景中，就是端到端全流程驱动。

他山之石

未来，绝大多数"活下来"的企业，都是数字化企业！因为只有它们有意识地抢占先机，更好地面对未来全球化竞争。

什么是数字化企业？在《华为数字化转型：企业持续有效增长的新引擎》一书中，周良军和我曾给出定义：数字化企业是具备"连接、在线、共享、智能"四大关键特征的企业。

我们认为，数字化企业首先是基础层面的互联互通、打通内外部连接的企业。一方面，在企业内部实现了人与人、物与物、人与物、人与组织的全连接；另一方面，在跨企业之间实现了企业员工、客户、合作伙伴、供应商、第三方的连接。

因此，企业开展数字化转型，首先需要审视自身业务流程是否畅通高效，其次才是用数字化手段把流程往在线方向推进。前者被称为业务流程化，后者被称为流程数字化。

基于此，我们得出一个结论：没有连接，就没有数字化。

人类解决问题的思路，惊人的一致。

为了提升体力劳动者价值创造的效率，1900 年，芝加哥肉联厂采用流水线方式分割牛肉，工人把一头又一头的牛当作"部件"挂在流水线移动平台的挂钩上，省去了搬运和装卸过程，大大提升了工人的屠宰效率。

这条流水线给了福特汽车创始人亨利·福特很大的启发：汽车制造的过程不也是一个个机械"部件"的装配吗？可否通过这样的流水线提升装配效率？

1913 年，福特建立 T 型车生产流水线，做到了组装一辆汽车平均只需 12 小时 28 分钟，而同时期的竞争对手却要花近 800 小时，因此 T 型车的价格可以大幅下降：每辆售价只需 250 美元，而竞品售价在 2500 美元以上。从此，福特 T 型车家喻户晓，美国也大步踏入汽车时代。

为了解决知识劳动者价值创造的效率，1993 年，职业经理人郭士纳在 IBM 实践并应用集成产品开发流程（IPD）的方法，解决全球 IBM 知识工作者的劳动力可接续性问题，从点的效率走向线的效率，成功地让 IBM 这头

"大象"跳起了轻盈的舞步。

1999 年，任正非从 IBM 把 IPD 模式引入华为，让华为的产品研发体系彻底脱胎换骨。

为什么华为对 IPD 情有独钟？我在拙作《华为学习之法：赋能华为的 8个关键思维》中做过详细解读，简要地说就是两点：一是华为的产品特点是长线产品，而不是短线产品；二是华为的产品研发是几千人、几万人同时在协作，而不是三五个人的分工协作。

在 1999 年 4 月 17 日召开的华为 IPD 动员大会上，任正非对此做过清晰的解读。

第一点，我们还是希望在技术上有所发展，成为一个很优秀的公司，而且我们所进入的产品领域是长线领域而不是短线领域。如果我们进入的是短线产品领域呢？我们无所谓，搞几个人做做，什么 IPD，没有必要。咱们就几个人说了算，什么文档也不需要，就全记到我们的脑子里。但是作为长线产品领域，这样做是不行的。

第二点，要缩短产品开发周期，加强资源配置密度。资源配置密度就是有非常多的人同时作业，比如说几千人、几万人同时进行一个软件的编程，同时作业。这个作业就跟一个总参谋部在指挥打仗一样，炮弹什么时候打，飞机什么时候出动，这是一个很复杂的综合作业，你可不要把炮弹一个个都打到自己脑袋上，战争可不是这么打的。如果我们在这个大规模综合作业的过程中，没有良好的管理方法，那么我们不仅没有效率而且浪费资源，浪费是以死亡为代价的。

20 多年过去了，IPD 至今仍然支撑着华为超过 10 万人的产品研发人员进行大规模协作，只不过，华为人一直对它进行迭代优化。

2016 年 8 月 13 日，任正非在 IPD 建设"蓝血十杰"暨优秀 XDT 颁奖大会的讲话中对此进行了总结。

历经八年，研发 IPD 团队从 2008 年的 3.2 分提高到今天的 3.6 分，这 0.4 分是跨时代的进步。因为 3.5 分以下的 IPD 开发是相对封闭的，封闭在研发内部，没有与相关流程关联，这 0.4 分代表 IPD 与相关流程关联了，做到这样的突破，为公司"万里长城"的发展奠定了坚实的基石。

历时 20 余年，华为 IPD 版本已经从 1999 年的 V1.0 升级到 2021 年的 V11.0，全面覆盖从运营商业务到消费者业务的超大军团产品研发工作。

任正非在描述华为管理体系的目标时曾说："我们所有的目标以客户需求为导向，充分满足客户需求以增强核心竞争力。我们的工作方法，其实就是一系列流程化的组织建设。"华为的所有流程，都在指向端到端的连接、拉通、集成、协同，因为这是中型以上企业效率损耗最大的地方。因此有学者指出，效率不是来自分工，而是来自协同。我非常赞同这个观点。

一家企业，单凭个体英雄，靠比拼个体效率，靠员工个人加班拼命干活，都只是局部效率，而非整体效率。如果大家不是力往一处使，都在做"布朗运动"，就会把组织的能量分散掉。

这与我在拙作《华为管理之道：任正非的 36 个管理高频词》中详细解读过的任正非"云、雨、沟"经营管理哲学是一致的。企业家的经营思想、管理哲学、战略与愿景，就像天上的"云"；在内外部环境的化学作用下，化

"云"为"雨",形成企业日常运营的"雨";雨水落到地上,不能放任四溅,而是要将雨水引导到预先挖好的"沟"中,才能有效灌溉庄稼,长出可预期的经营之果。

"云、雨、沟"经营管理哲学,在华为各个领域都有落地的版本。比如财务领域,"云"是将来华为业务部门可能出现的巨变,包括政策、行业、技术、竞争对手、商业模式等带来的变化;"雨"是日常经营活动,包括业务活动和财务活动,以及它们之间的联动;而这些活动要产生效果,就必须体现到"沟"里,"沟"是财务流程体系,以及支撑流程体系有效运转的政策、制度、组织、IT 系统等,它们共同牵引和约束财务的所有活动。

2017 年,时任华为轮值 CEO 的郭平给华为管理体系建设的最高荣誉奖"蓝血十杰"颁奖时,再次谈到"云、雨、沟"的经营管理思想。

公司已经确定下一步管理变革的目标是提升一线组织的作战能力,多打粮食。……我们要遵循"云、雨、沟"的规律,不断提炼和归纳华为过去二十多年的经营管理思想、变革的经验和教训,以及我们对经营管理规律的认识(云),指导公司未来的战略制定和经营管理工作,持续提升运营效率和盈利能力(雨),并通过持续渐进的管理变革,使华为的管理从带有很强部门特色的"段到段",逐步走向以"面向客户做生意"和"基于市场的创新"两个业务流为核心的、"端到端"的数字化管理体系(沟)。我们的管理方式要从定性走向定量,从"语文"走向"数学",实现基于数据、事实和理性分析的实时管理。

企业为实现价值创造,从输入客户要求开始,到把产品及服务交付给客户，到获得客户满意并实现企业自身价值的端到端（E2E）业务过程，这就是业务流。而我们日常所说的"流程"，是业务流的一种表现方式，是对优秀作业实践的总结和固化，目的是达到不同团队执行流程时获得可复制的成功。企业的各类流程，本质上是业务策略和工作场景相结合的产物，是接住"雨"的"沟"。业界很多企业学华为，总是学不会，我认为非常关键的一点是没有在"沟"上下足功夫，也就是流程化做得不够。

接下来，我们对这个话题做一点延伸，即流程化是信息化的基础，信息化是数字化的基础。

信息化是什么？信息化的本质是对准管理，需要将企业的研发设计、生产过程、事务处理、资金流动、客户交易等业务过程，通过技术手段转变成信息资源进行存储和使用。因此，信息化的隐含前提是流程化——建流程，建标准。信息化就是在建立流程和标准之后，再使用IT系统固化流程和标准，从而完成流程化向信息化跃迁的过程。

通过信息化的建设，企业获得最直接的资产是一个又一个的软件包，比如企业资源管理（ERP）、办公自动化（OA）、客户关系管理（CRM）、仓储管理（WMS）、工厂产线管理（MES）、高级计划与排程（APS）等。

甲骨文、SAP等都是全球著名的软件包厂商。这些厂商决定要开发一个新的软件包时，会把这个领域全球最优秀企业的流程实践进行复盘和归纳，从而形成一个个标准化的软件解决方案（有时又称"模块"），然后通过软件包的形式推向全球市场。所以，华为早些年开展信息化工作时，总结过一个知名的方法论：软件包使能业务变革（package enable business transformation，PEBT）。

PEBT方法论的基本思想是最佳实践使能，因为一个优秀的软件包融入了许多最佳实践，如最前沿的技术思维、最优化的业务模式、最先进的管理理念及最高效的业务价值创造逻辑等。

华为的做法是坚持选择承载优秀管理实践的软件包，坚持原汁原味地使用标准化软件包，聚焦于关键流程，基于最佳实践设计未来流程，实现业务流程和数字化平台的紧密融合，实现变革过程中组织、流程和IT的方案与进度对齐，推动业务变革落地，提升变革效率和业务价值。

正如"现代管理学之父"彼得·德鲁克在《管理的实践》一书中给出的论断："生产不是将工具应用于原材料，而是将逻辑应用于工作。"企业中一群人的逻辑，恰恰是通过流程和管理理念承载的。那些能够把握信息化本质的企业通过信息化成功获取了业界先进管理理念和流程，从而构建了企业的领先竞争力；而那些看不清这个本质的企业，虽然引入了一堆软件系统，却也只是用了一些皮毛，上演了新时代的买椟还珠。

点石成金 | 综合以上案例，读者可以看到，无论100多年前的芝加哥肉联厂、福特汽车通过流程拉通解决体力劳动者之间的接续性，还是20多年前的IBM、华为通过流程拉通解决知识工作者之间的接续性，都是在践行"要想富，先修路"，人类思考问题的逻辑真的很相似。

华为首席信息官在2021年公开演讲时有过一个关键论断：任何不涉及流程重构的数字化转型，都是在装样子。我在"管理者的数字化转型"课堂上，也经常提醒学员：作为非数字原生企业的管理者，每次谈起数字化转型，不要过早谈论数据驱动、智能驱动，在这之前，首先是流程驱动。只有业务流程的主航道畅通，数字化转型才有基础。

我真诚地希望读者所在的企业对这句话达成共识：流程化是信息化的基础，信息化是数字化的基础；没有流程的畅通连接，就没有企业的数字化转型。

---

* 在本节写作中，周良军、郭平、陶景文、熊康、丛龙峰、何园媛、王涛等专家的睿智洞察与独到见解对我影响较大，向这些数字时代的先行者致敬。

数据驱动的范式

数据是数字经济社会的新能源

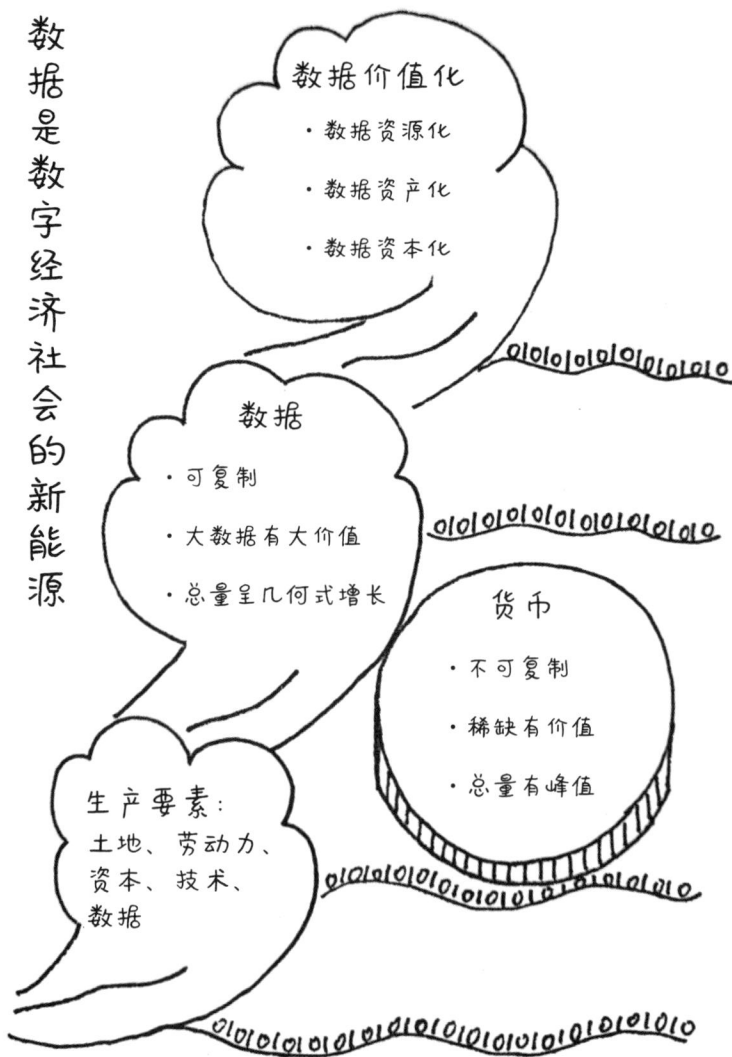

数据价值化
- 数据资源化
- 数据资产化
- 数据资本化

数据
- 可复制
- 大数据有大价值
- 总量呈几何式增长

货币
- 不可复制
- 稀缺有价值
- 总量有峰值

生产要素：
土地、劳动力、资本、技术、数据

视觉呈现：山水 sunshine

18

数据驱动的范式：打造"数据资本表"

数据是数字时代最大的效率变量

话题焦点 | 多年以来，大家已养成一个习惯，阅读上市公司财报时，先看三张表：资产负债表、利润表和现金流量表。在"管理者的数字化转型"课堂上，我向学员们抛出一个问题："不久的未来，随着数字时代在千行百业的深度渗透，上市公司财报里会不会出现第四张表——数据资本表？"

他山之石

我之所以抛出这个问题，不是异想天开。著名数据科学家维克托·迈尔–舍恩伯格（Viktor Mayer-Schönberger）在其代表作《大数据时代：生活、工作与思维的大变革》中做了如下预判。

数据已经成为最有价值的公司资产、重要的经济投入和新兴商业模式的基石。虽然数据还没有被列入企业的资产负债表，但这只是一个时间问题。人们必须意识到数据的价值，并加以合理利用。

数据能不能"登堂入室"，一个重要的标志是能否被确认为生产要素。

1776 年，"古典经济学之父"亚当·斯密（Adam Smith）在《国富论》中总结农业经济时代的基本规律时，首次提出三大生产要素——土地、劳动力、资本。随着工业经济在全球的迅猛发展，工厂、机器、技术等因素的重要性逐步超越土地，于是人们谈论生产要素时普遍把"技术"作为第四大生产要素加进来。当历史的巨轮驶进数字经济社会，数据的重要性愈加明显。谁拥有数据，谁就占据主动权。以色列学者尤瓦尔·赫拉利（Yuval Harari）在《今日简史：人类命运大议题》中写道："我们不是数据巨头的用户，我们只是它的商品。"

为了避免数据巨头收集用户的数据进而控制用户的行为，政府出台了相关数据管理政策对此进行约束和疏导。2020 年 4 月，中共中央、国务院印发《关于构建更加完善的要素市场化配置体制机制的意见》，对土地、劳动力、资本、技术、数据这五个生产要素的市场化配置改革提出纲领性意见。这意味着"数据"正式被纳入国家所定义的五个生产要素之一，作为一种生产要素进入市场流通。这是我国数字经济发展的里程碑事件。

2022 年 12 月，《关于构建数据基础制度更好发挥数据要素作用的意见》（即"数据二十条"，以下简称《意见》）正式发布。《意见》提出，以数据产权、流通交易、收益分配、安全治理为重点，构建适应数据特征、符合数字经济发展规律、保障国家数据安全、彰显创新引领的数据基础制度，充分实现数据要素价值、促进全体人民共享数字经济发展红利，为深化创新驱动、推动高质量发展、推进国家治理体系和治理能力现代化提供有力支撑。《意见》是推动数字经济开新局的基础性政策文件。

数据是数字经济的战略性资源，是数字社会的核心生产要素，数字化转型的本质是围绕数据实现转型升级。数据于数字经济时代，如同石油于工业经济时代。数据的产生和传输，如同钻井的作业和输油管道的运送。如今全球每天有超过 9000 万桶石油被消耗。这些石油经过挖掘开采、多轮炼制、运输储存，最后成为工业经济社会的燃料。与此同时，如今全球每天有超过 100 EB 的数据产生，这些数据经过收集汇聚、分析处理、传输存储的闭环过程，最后成为数字经济社会的"燃料"。因此，我们可以通过类比得出一个结论：数据，就是新的"石油"，是数字经济社会高效运转的新能源，是这个社会最大的效率变量。

在这里，我向大家分享一个案例，以便大家明白数据如何重塑二手房交易中介行业，并感知数据的巨大威力。

二手房交易中介行业，是一个竞争白热化的行业。当众多的玩家都在搞人海战术时，贝壳找房另辟蹊径，基于房子户型图数据建立新的竞争力。截至 2020 年 1 月，贝壳找房楼盘字典房源提升至 2.12 亿套，覆盖全国 326 个城市、51 万个小区、448 万栋楼、955 万个单元信息，采集景观图 581 万张，户型图 3021 万张，成为国内数据量较大、覆盖面较广、颗粒度较细的房屋信息数据库。基于这个数据库，贝壳找房可以在新冠疫情期间安排客户 VR 看房，实现"所见即所得"，大大提升了看房效率，节约了客户的时间。[⊖]

谈及数据时，我常常被一些学员的洞见打动。比如，2022 年给一家商业银行讲授"管理者的数字化转型"课程时，我在课堂上说了一句"你们企业中的数据，就是货币"，一位学员举手站起来向其他学员分享了他对数据和金钱之间差异的三点理解，赢得满堂彩。我在这里把他的观点也分享给读者。

第一，可复制性不同。对大众而言，复制的货币是假货币，复制的数据是真数据；复制货币是违法行为，且各种违法成本很高，但复制数据是一个

⊖ 资料来源：根据 2020 中国大数据应用年会暨中国电子商会大数据委员会成立大会上嘉宾发言整理。

可以无限次、接近零成本的事情，只需要懂得"复制—粘贴"操作就好。

第二，价值体现不同。货币通过稀缺性体现自身价值，通货膨胀就是货币的贬值；数据则是通过丰富性体现自身价值，小数据表征个体信息，价值很小，大数据表征一个群体趋势，才具有大价值。

第三，总量峰值不同。在可预见的未来，货币总量会达到一个峰值，但数据总量一直处于爆发式增长。据华为常务董事、ICT 基础设施业务管理委员会主任汪涛在 2022 华为全联接大会上引用《数字中国报告 2021》的数据：2021 年我国的数据总量 6.6 ZB，占全球总量的 9.9%，并且数据规模快速增长。每一个人都是数据的生产者，如果把《二十四史》中的所有内容做成一部电子书，则每一台智能手机平均每天产生的数据量相当于 10 部《二十四史》，数据的广度、宽度、深度正在呈几何式增长，所以我们经常看到媒体用"数据洪水"来形象地描述数据特征。

综上所述，数据的重要性和伴生的挑战性都很鲜明。对企业而言，如何激活数据、推动数据价值化成为当前的共识。2022 年 7 月，中国信通院发布了一份《中国数字经济发展报告（2022）》，指出我国的数据价值化正沿着数据资源化、数据资产化、数据资本化三个阶段推进。

数据资源化。首先推动数据资源化形成产业链，基于数据采集、分析、存储、传输等全生命周期价值链管理，使得数据供给数量和质量稳步提升，完善数据供给链。在这个阶段，沿海地区的政府率先行动起来。比如上海市公共数据开放平台已开放 51 个部门数据，共计 10 亿多条数据；深圳市政府数据开放平台已开放 48 个市级部门 / 区数据，共计 9 亿多条数据。○

○ 数据来源：中国信通院 . 中国数字经济发展报告（2022）［D］. 中国信通院 CAICT.2022-07-08.

数据资产化。这个阶段视数据为资产，涉及数据确权、数据定价、数据交易等方面的共识。近几年来，中国各地数据交易平台迎来建设热潮，但全国各地数据交易所的职能各有侧重，比如北京数据交易所是综合型交易所，上海数据交易所是服务型交易所，湖南数据交易所是淘宝型交易所等。

数据资本化。这个阶段如果得到突破，本节开篇探讨的第四张表——"数据资本表"就会水到渠成。之前中小企业贷款，银行要看这家企业有没有厂房、机器，如今在浙江、广东等数据产出比较丰富的省份，正在试点数据信贷融资，即企业如果拥有价值含量高的数据，也可以将其作为贷款的抵押物，以期破解中小微企业融资难题。

点石成金	卡数字化转型脖子的，往往不是技术，而是思维惯性。请读者多留意一下围绕数据展开的新模式。数字时代，正在逐步形成一种新的生产模式——以数据为生产资料，以数字平台为生产工具，以各种云端服务为产品，其商业闭环的背后逻辑是"数据变机会、机会变服务、服务变营收"，这与我们之前熟悉的"一手交钱、一手交货"交易链条已经有了很大不同。
	生意正在由"硬"变"软"。数据，恰恰是这个软化过程中最关键的催化剂。

* 在本节写作中，王志勤、维克托·迈尔－舍恩伯格、陈帮华、吴大有、周良军、马运、谢康、肖静华、涂子沛、陈雪频等专家的睿智洞察与独到见解对我影响较大，向这些数字时代的先行者致敬。

智能驱动的范式

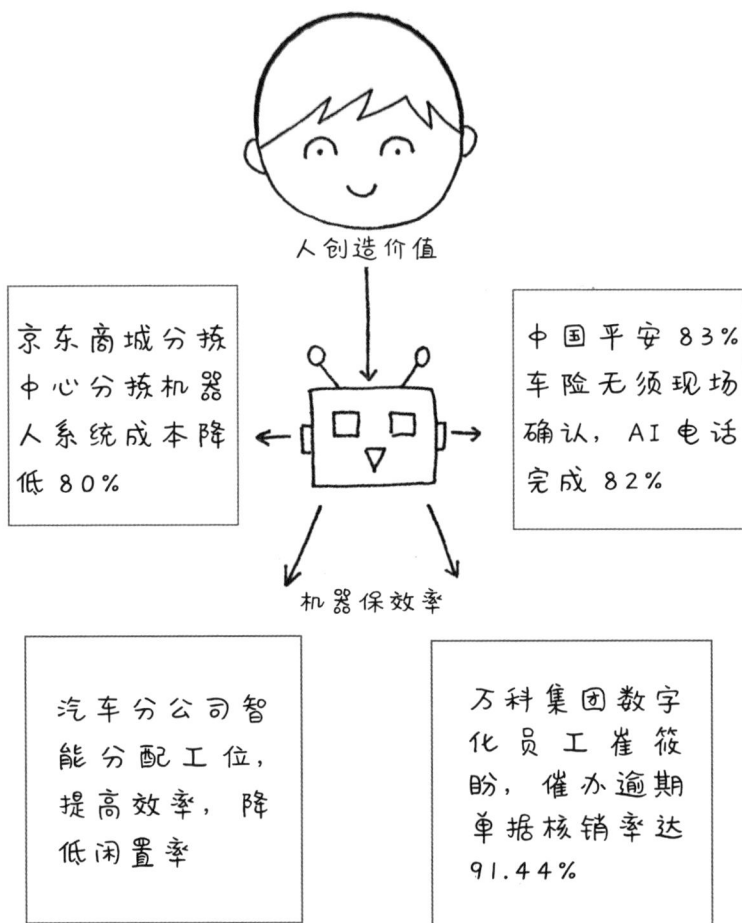

人创造价值

京东商城分拣中心分拣机器人系统成本降低80%

中国平安83%车险无须现场确认，AI电话完成82%

机器保效率

汽车分公司智能分配工位，提高效率，降低闲置率

万科集团数字化员工崔筱盼，催办逾期单据核销率达91.44%

效率是核心原则，是成功标准

视觉呈现：山水 sunshine

19 智能驱动的范式：人机交互协作常态化

人服务于机器 vs 机器服务于人

话题焦点	"机器换人"，是近几年人们热议的话题。

2017 年 10 月 10 日，位于北京端门广场的故宫博物院售票处正式摘牌，这一见证了故宫博物院 92 年开放历史的机构"退休"了，故宫全面实行网络售票，从此实体票不复存在，多名售票员转岗。

这不再是个案。

高速收费站的人工窗口越来越少，自助缴费的终端机通道占比越来越高，即便车主没有在车上安装 ETC，也可以通过微信支付或支付宝完成自助缴费。偶尔去银行办理业务，你会发现柜台窗口比之前少了很多，大厅变大了，摆放在大厅的智能终端机器越来越多了，绝大多数业务只需在智能终端机器上进行人脸认证、刷身份证就可以自行办理，无须银行的工作人员介入。和朋友到餐馆小聚，你会发现结账后不用再等收银处开具发票，你可以扫描结账单上的二维码后填写发票抬头和税号，发票会在几秒内发送到你的电子邮箱，发票的"全电时代"如此之近；开车回到小区，你才想起来好久没见到看管停车场的大爷了，无人值守、自助感应、自助缴费已成为主流……

随着人工智能技术的发展，人类越来越担心自己被机器替代或者成为机器的附庸。其实，当我们把时间轴拉得更长一些来看待这个问题，就会发现自18世纪60年代起，从第一次工业革命开创以机器代替手工劳动的时代开始，260多年，人们一直在争议这个问题。

他山之石

1911年，弗雷德里克·泰勒（Frederick Taylor）出版了其代表作《科学管理原理》；1913年，福特推出了T型车流水线；1936年，卓别林主演了电影《摩登时代》，这三个貌似不相关的里程碑事件，都指向同一个关键问题：人服务于机器，还是机器服务于人？

乍一看这个问题，可能很多读者的脑海中会蹦出一个念头：当然是"机器服务于人"，怎么可能"人服务于机器"？且慢，听我慢慢道来，你再审视自己的答案。

人类发展史，也是一部不断追逐更高效率的工具进化史。在农业领域，锄头、犁耙比人类双手的效率更高，而拖拉机、插秧机比锄头、犁耙的效率更高，空中飞的农用无人机又比地上跑的拖拉机、插秧机的效率更高。在出行领域，自行车比人类双脚的效率更高，而小汽车比自行车的效率更高，飞机、高铁又比小汽车的效率更高。100 多年来，奥林匹克格言"更快、更高、更强"就是效率追求的最好注脚，而且在追求效率的路上，没有"最"，只有"更"，没有完成时，只有进行时。

从同样工序的可持续效率角度看，人类不如机器，因为人类是具有意志力的，而意志力是不可靠的，随着时间的推移，绝大部分人的意志力在达到某一峰值后都会逐步下降，效率也就相应下降。相比之下，机器不具有意志力，7×24 小时都可以不知疲倦地运转，不要加班费，也没有劳务纠纷，更没有情绪，所以我们用"像机器一样精确"之类的语句描述那些意志力持续稳定的人。

为了追逐更高的效率，人们开始确立谁才是协作体系的主体，是机器还是人？前文提到的《科学管理原理》、T 型车流水线、《摩登时代》，都是以机器为主体，以机器驱动人持续向前，人在很大程度上成为隆隆机器的附属物。

1936 年 2 月，卓别林在《摩登时代》中饰演的查理，每天都处在流水线的工作中，夜以继日地被机器驱赶着走。这让人嘘嘘不已。

2020 年 9 月，一篇《外卖骑手，困在系统里》的文章在微信朋友圈刷屏。这篇文章讲述了各大外卖平台不断使用算法机制压缩外卖骑手送单时间的现状。在外卖系统的算法与大数据的驱动下，外卖骑手就像游戏中的角色一样疲于奔命，甚至不惜违反交通规则来抢时间，险象环生，只是为了几元的跑腿费以及平台分配的下一单送单机会。该文发出后，迅速引发了公众广泛而强烈的共鸣。

两个事件，时隔 80 多年，几乎如出一辙。我们在同情被机器驱使的人们的同时，更需要理性地探索背后的原因，需要往深处多问一个为什么。

美国著名经济学家、经典经济学教材《经济学原理》的作者格里高利·曼昆（Gregory Mankiw）说："效率是指社会能从其稀缺资源中得到的最大利益。平等是指将这些资源的成果平均地分配给社会成员。换句话说，效率是指经济蛋糕的大小，平等则是指如何分割这块蛋糕。在设计政策时，这两个目标往往是不一致的。"

在讨论效率时，不可避免地谈到公平。效率和公平的优先顺序组合，有三个选项：公平优先，兼顾效率；效率优先，兼顾公平；效率优先，就是公平。如果你是这套协作体系的设计者，你会选择哪一项？在科斯定理的影响下，很大比例的企业选择了"效率优先，就是公平"，包括华为。华为自2013年起采用这个选项作为内部价值分配的关键原则。

我常常在"管理者的数字化转型"课堂上给学员们解读"科斯定理"，理解它有助于我们理性地看待众多企业选择背后的合理性。这个定理出自著名论文《企业的性质》，作者是英国经济学家罗纳德·科斯（Ronald Coase）。科斯25岁构思并写就、27岁发表的这篇论文，篇幅很短，翻译成中文只有1万字，却是现代企业理论的奠基之作。

科斯在这篇论文中，通过回答两个基本问题为企业理论做出了历史性贡献。这两个问题就是，企业为什么会存在？企业的规模由什么因素决定？他对这两个问题的回答是"市场交易成本论与组织成本论"。

企业的显著特征是作为价格机制的替代物（市场交易成本的替代物），通过企业内部的严密计划和管理，能够使经营活动的组织成本以低于市场交易成本的效率运行，否则社会就不会创造企业这种组织形式。企业的扩大必须达到如下临界条件：在企业内部组织一笔额外交易的成本等于在公开市场上完成这笔交易所需的成本，或者等于由另一个企业家来组织这笔交易的成本。

当企业扩大时，企业内部每追加一笔额外的交易，企业内部交易的边际成本是递增的。其原因在于，当企业内部交易增加时，企业家不能更准确地将生产要素用在其价值最大的地方。如果企业内部没有价格信号，资源配置到哪个方面主要依靠企业家的自我感觉、经验和判断，那么随着内部交易的扩大，各种生产要素的调配也更加复杂，经验和判断的失误也会增多，这就会导致新增资源的使用效率逐渐降低，直到打破以上临界条件而出局。

科斯在 1937 年提出以上论断时，并没有引发学术界和商业界的轰动。经过 50 多年的市场反复验证，81 岁的科斯最终获得了 1991 年诺贝尔经济学奖，《企业的性质》是其获得诺贝尔经济学奖的两篇关键论文之一（另外一篇论文是《社会成本问题》）。后来人们便把科斯提出的这个著名的论断命名为"科斯定理"。

"科斯定理"首先提出了效率是企业存在的理由，之后，美国通用汽车总裁阿尔弗雷德·斯隆和管理大师彼得·德鲁克分别从企业管理的实践和理论视角对这一观点给予确认，指出效率是统领一切的核心原则，也是商业成功的主要判断标准。这种理念影响至今，持续把企业推向追求更高效率的单向快车道。接下来，我们看看数字时代的几家著名企业的案例。

京东商城在东莞有一个分拣中心，规模最大时有 3000 多名员工。自从上线分拣机器人系统后，该中心的员工逐步减少，如今只有 30 名员工和 300 台分拣机器人，而且这些没有"意志力"之困的机器人在算法和大数据的驱动下夜以继日、任劳任怨地来回移动，极大地提升了整个分拣中心的工作效率，与此同时，整体成本降低了 80%。

近些年来，中国平安用人工智能替代简单重复的劳动力密集型工作。比如平安车险极速理赔，通过人工智能学习、识别 6 万种汽车、2400 万种零部件的图片，客户使用平安好车主 App 拍照、上传受损照片，即可 3 分钟自助完成理赔。截至 2020 年年末，平安产险家用车客户线上自助理赔案件量达 690 万件，83% 的车险报案不再需要查勘员进行现场查勘。此外，中国平安张江后援中心曾是全球最大的电话客服中心，规模最大时有数万名员工，近年来也逐步用机器替代人，2020 年有 19.3 亿次电话客服由人工智能机器人完成，占比超过 82%。

在《数字化的力量》一书中，神州数码董事长郭为讲过一个有意思的故事：有一家全球著名的汽车公司在中国很多城市都有分公司，员工经常四处出差，流动性很强，因此有大量的工位处于闲置状态。

为了避免办公空间的浪费，提高工位的利用率，降低经营成本，这家汽车公司希望办公工位能够变得可移动，于是根据这个需求研发出一个智能工位分配系统。当员工来到分公司，完成人脸识别后，这个智能工位分配系统就会自动给他分配工位以及他所需要的计算机、文具等办公用品。而且，在进行工位分配时，这个智能化系统会充分考虑每个人的工作特性，将业务相同的员工分配在同一个区域办公，便于他们之间更高效地沟通。

这样，虽然员工不再有专属工位，但是工作效率并不会受到影响，公司大大降低了工位闲置率，而且很多员工赞扬机器人算法的分配比秘书的人工分配更合理。

2021 年 12 月，万科集团董事会主席郁亮在微信朋友圈发布了一则信息："祝贺'崔筱盼'获得 2021 年万科总部优秀新人奖。"事实上，崔筱盼不是"人"，她是万科首位数字化员工，在 2021 年 2 月 1 日正式"入职"，在人工智能（artificial intelligence，AI）和机器人流程自动化（robotic process auto-mation，RPA）等新技术的驱动下，"她很快学会了人在流程和数据中发现问题的方法，以远高于人类千百倍的效率在各种应收／逾期提醒及工作异常侦测中大显身手。而在其经过深度神经网络技术渲染的虚拟人物形象辅助下，她催办的预付应收逾期单据核销率达到91.44%。"

细心的读者不难发现，近年来华为的员工总数没有太大变化，即便排除疫情、被美国列入"实体清单"的影响等因素，华为控制员工数量过快增长也是一种总体导向。2016年，华为提出未来几年实现"销售收入翻番，但人员未显著增长"的目标，这看似是对"人效"的提升要求，但细想：在组织规模达到一个临界值后，人效真的可以显著提升吗？如果没有，那么是谁完成了多出来的工作量？背后其实是把部分工作交由智能机器人来完成的。

在2022年3月华为与猎聘联合出品的《泛行业数字化人才转型趋势与路径蓝皮书》中，我们看到了如下这段文字。

华为公司秉承"把数字世界带入每个人、每个家庭、每个组织"的目标，贡献数字技术并积极构建万物互联的数字世界。数字世界自然就是数字员工的世界。华为公司将"数字员工"纳入企业数字化变革战略，提前探索、提前布局、提前投入、提前研发，做好迎接"数字员工"时代变革的准备。通过20多年的探索和积累，在内部创建了10000多个"数字员工"岗位，并形成产品，服务于外部客户。华为通过"数字员工"的引入，使员工更加专注于从事更高附加值的工作，释放更大的创造力。

正是超过1万个"数字员工"的协作，利用人工智能技术，对准海量、重复、高频的场景，为公司内部运营效率持续提升做出了显著的价值贡献。

2022华为全联接大会亚太站，华为高管对这个概念做了更完整的补充，具体如下。

工业化时代开始的标志是部分体力劳动被机器替代。随着人工智能技术的发展，人类迎来了第四次工业革命，部分脑力劳动也开始被机器替代，如工业相机质检、实时翻译、智能调度、医学影像诊断等。人工智能系统带来的泛劳动力将成为创造物质财富的主力，对于一个企业乃至国家来说，如何利用数字化的智能系统构建泛劳动力优势，将成为构筑竞争力和发展数字经济的关键。如果说工业革命释放了人的体力，那么数字化将会释放人的脑力。过去，是电力和石油驱动的工业经济；未来，是数据驱动的数字经济。过去，企业是B2C；未来，企业将是C2B。过去，机器干的是体力劳动；未来，机器不仅从事体力劳动，它们必须会说话、会思考。机器不仅仅由石油和电力驱动，更要由数据驱动。

点石成金 | 以RPA机器人为代表的数字员工，已普遍活跃在银行保险、制造、零售、医疗、物流、政府公共机构等在内的众多行业中，数字员工与人类员工联手，开启一种人－机－物状态交互协作的新模式。

关于机器是否会替代人，争论会持续下去。有人甚至提议政府出台政策，阻止机器人的发展，避免它和人类争夺工作机会。但是人类和机器博弈的历史，早已非常清晰地给出了答案。

19 世纪中期，机动车在英国出现，马车商为了保护自己的利益，以"安全"为理由向政府提议要对机动车的安全性做限制，1865 年，英国议会通过著名的《红旗法案》，规定每一辆机动车必须由 3 人负责驾驶安全，其中 1 人必须在机动车前 50 米以外的位置做引导，还要用红旗不断摇动为机动车开道（避免旁边的马受到惊吓）；汽车不能超过红旗，速度不能超过 4 英里[○]/ 小时。让人感慨的是，这个看似不可理喻的法案直到 30 多年后的 1896 年才被废止。这一法案产生的最大影响就是，导致第一次工业革命引领国——英国，彻底失去了成为汽车大国的机会。1886 年，世界上第一辆汽车在德国诞生，1913 年福特 T 型车流水线成功上线，德国和美国快速发展成汽车大国。

历史总是不断地重演。2020 年，在智能网联汽车发生几起安全事故被媒体报道后，民众产生了一种畏惧心理，有人提议出台法律管控智能网联汽车的发展。实际上，我特意查了中国统计年鉴的数据，2020 年全年，中国汽车交通事故受伤人数为 152276 人，中国汽车交通事故死亡人数为 43098 人。

这是否在侧面上也验证一个观点：人们对待新事物，更倾向于举着放大镜观察其弊端。

○ 1 英里 ≈ 1.6903 千米。

当人类社会从工业经济社会迈向数字经济社会时，正确的态度应该是"机器确保效率，人创造新价值"。机器像人不可怕，人像机器才可怕。机器背后的数字技术各领风骚三五年，如何实现"人的价值最大化"是永远不变的主题。人类唯有持续创造新价值，才能从"人服务于机器"走向"机器服务于人"，并使之成为一种新的平衡态。

＊在本节写作中，阮开利、唐湘民、罗纳德·科斯、谢仁杰、李海翔、钟美华、姜济民、李景春、戴宇恒、郭为、陈帮华、宁向东、武常岐、董小英等专家的睿智洞察与独到见解对我影响较大，向这些数字时代的先行者致敬。

用更高维度观察世界

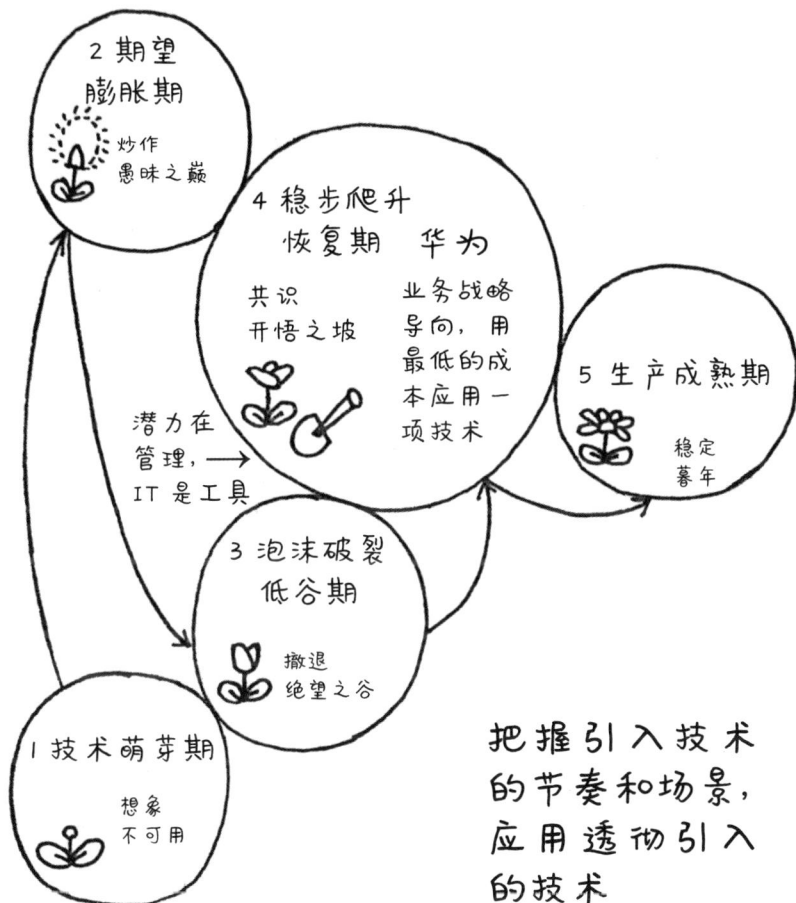

2 期望膨胀期
炒作
愚昧之巅

4 稳步爬升恢复期 华为
共识
开悟之坡
业务战略导向，用最低的成本应用一项技术

潜力在管理，→ IT 是工具

5 生产成熟期
稳定暮年

3 泡沫破裂低谷期
撤退
绝望之谷

1 技术萌芽期
想象
不可用

把握引入技术的节奏和场景，应用透彻引入的技术

视觉呈现：山水 sunshine

20 / 技术成熟度曲线：不懂 IT 也能主导技术选型

君子不器，高维看技术

话题焦点　我在"管理者的数字化转型"课堂上，经常做一个现场小调查："在座的各位，大学专业是学计算机、电信、自动化、数学等电子类专业的请举手？"据我这么多场次的统计，平均每一场举手的比例不会超过 15%。我接下来问他们一个问题："因为大部分管理者都不是读电子类专业，你们和 IT 部门打交道的时候，会不会有一种因为自己不懂 IT 而在对话时心里发怵的经历？"在场不少管理者点头回应。我最后抛出的一句话引发了大家的好奇心："我今天就给大家分享一种看待技术的'神奇'方法，即使你不懂 IT，也能在做 IT 采购决策时引领你们的 IT 部门。"

他山之石

不卖关子，先讲结论。这个"神奇"的方法就是"高德纳技术成熟度曲线"（the Hype Cycle）。高德纳咨询公司是全球著名的 IT 研究与咨询公司之一。从 1995 年开始，高德纳公司每年都会把当前各类热门新技术的发展阶段以及未来达到成熟所需要的时间绘制成一张曲线图（见图 1），便于企业根据自身对技术风险的喜好程度选择合适的新技术。

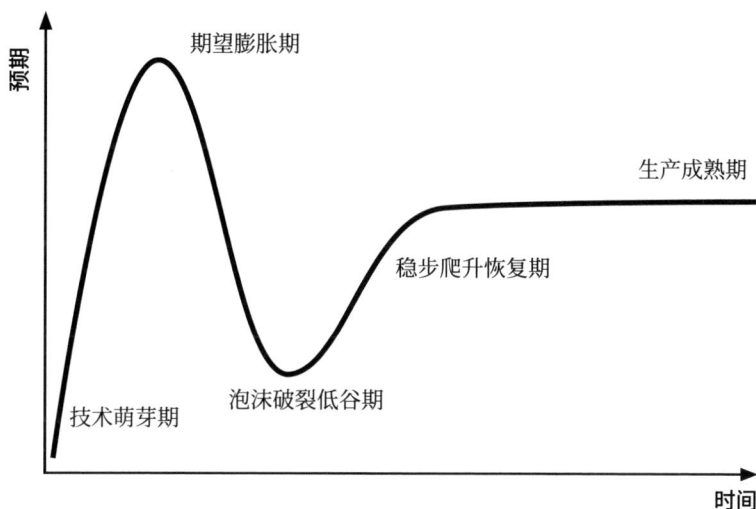

图 1　高德纳技术成熟度曲线

　　高德纳技术成熟度曲线的横轴为时间，纵轴为预期，将新兴技术的发展历程划分为五个关键阶段：技术萌芽期，期望膨胀期，泡沫破裂低谷期，稳步爬升恢复期，生产成熟期。

　　技术走向成熟的五个阶段就像人的成长过程一样，需经历婴儿、少年、青年、壮年、暮年，彰显了自然万物以时间为变量的共同发展规律。在这些技术中，也有很多技术走不到最后，可能在中间某个阶段夭折了。如果我们把企业的业务建立在这样的技术上，就是很大的不幸，因为业界维护该项技术的人才都纷纷转战其他技术，没有人才继续维护更新，最后我们只好使用其他技术接替它，这对企业而言是一笔较大的隐性成本。

　　考虑到不少读者对高德纳技术成熟度曲线不熟悉，我对其五个关键阶段做一个简要的解读。

技术萌芽期。任何技术的诞生，往往从一个模糊的概念开始。喜欢参观车展的读者会留意到，不少汽车厂商每年都会展出 1~2 款概念车，炫酷的造型看起来很时尚，但是人们会感觉它们离自己的生活很远。没错！处于这个时期的技术，不具有可用性，只是引发大家对未来的想象而已。这时关注该技术的人，一般是被称为"发烧友"的种子用户和早期使用者。该技术对应的市场被称为专业市场，媒体的相关报道也大多零零星星且不持续。

期望膨胀期。总有人想借助这个技术概念"炒作"一番，于是有资本进场，有风险激进型的企业跟进，媒体的相关报道也越来越多，相关的产品也加速推向市场。这时，群情激奋，大家容易产生一种错觉，认为这是一个具有划时代意义的"大技术"，千万不能错过，于是不管三七二十一，一窝蜂地涌进来。大家对该技术的期望值太高了，因此这个时期叫期望膨胀期。2000年获心理学"搞笑诺贝尔奖"的"达克效应"把这个时期形象地称为"愚昧之巅"。因为处于这个时期的人们丧失了理智，生怕错过一个大时代，以至于人人都在谈论有关它的一切。

泡沫破裂低谷期。随着大家的围观和评头品足，技术的局限性开始暴露无遗。于是，很多人感觉自己被骗了，随后骂声一片，不少跟风进来的资本看到群众基础没有了，赶紧撤出。基于这项技术开发产品的公司陆陆续续倒下，媒体报道采用越来越多诸如"你是如何被 ×× 技术骗取钱财的？""××技术骗局的前世今生"之类的标题，这么一来，雪崩效应相继产生。这时，还是群情激奋，但不再是第二个时期的正面情绪，而是与之相反的负面情绪，大家纷纷把这项技术踩在脚底，认为它一无是处。"达克效应"把这个时期形象地称为"绝望之谷"。因为，处于这个时期的人们，被庚气包围。

稳步爬升恢复期。德国哲学家黑格尔说："存在即合理。"一项技术怎么可能一无是处？它之所以跌下神坛，是由于先前人们对它有着不切实际的期望，随着人们对它期望值的下调，它终将回到合理值的范畴内。尽管大部分人因这项技术产生了恐惧心理，但随着理性思维的回归，人们对这项技术的优点、缺点、应用场景、嫁接扩展性等细节有了更多的认识。于是，大家静下心来，开始对其改造，基于这项技术的第二代、第三代、第四代产品陆续出现，市场上也有了更多成功应用的样板点，更多稳健的大企业开始测试它和引入它。"达克效应"把这个时期形象地称为"开悟之坡"。这就像一个人，成长到壮年时期，棱角已被磨平、戾气已散去，看清生活的真相，依然热爱生活。

生产成熟期。慢慢地，行业内的玩家不想再打打杀杀了，大家坐下来讨论这项技术的技术标准、统一的接口、上下游的分工协作，基于这项技术的产品价格维系在平稳、合理的水平，大众也能够消费它了。这时人们认为这项技术已是成熟技术，而这项技术的生命周期也开始进入暮年。

在"管理者的数字化转型"课堂上给学员们做了以上解读后，我问了大家一个问题："你觉得华为 IT 部门要引入一项新技术，会在什么时期引入？"大部分人都猜到了答案：稳步爬升恢复期。具体原因可从如下这个小故事可见一斑。

很多年来，华为有一个部门的名字叫"管理工程部"，我经常让学员猜其所对应的是白身公司的哪一个部门？很多学员猜了多次也没能猜出来。其实，管理工程部对应大部分公司都有的一个部门：IT 部（信息技术部）。一个部门的称谓，承载着公司领导对这个部门的期待，这和近些年来不少公司把"市场销售部"更名为"客户成功部"是同一个逻辑。

很少企业家在 IT（信息化 / 数字化）方面的投入能像任正非这样有魄力：每年拨付销售收入的 1.5%~2% 用于 IT 建设和运营。有人说："你沉迷什么，就会成为它的奴隶。"但华为却没有因此成为数字技术的奴隶。任正非对此有两个观点值得读者学习。

- 华为的潜力在管理体系，深挖管理的重要工具是 IT，IT 的作用是把管理工程化，因此把 IT 部门称为"管理工程部"。
- 把地种好才是好农民，切勿炫耀锄头。华为自 1998 年以来的一系列管理变革、信息化改造、数字化转型，不是为了构建一个世界第一的 IT（部门），而是要面向未来构建一个世界级的华为。因此，把 IT 部门称为管理工程部，也是在提醒华为数字技术从业者，不要追求 IT 部门自身的卓越、追逐技术的领先性，唯有选择适用的技术达到业务实用的目的才是正道。

从华为管理工程部的部门名字内涵解读中，我们可以理解，所有数字技术必须为我所用才有意义。

对于数字化转型，业界有两种理解：一种是数字技术导向，把业务战略往数字技术方向靠拢；另一种是业务战略导向，即数字时代背景下的企业战略转型。

很明显，华为选择了第二种。

既然如此，我们做 IT 选型时，问题就聚焦在一个点上：这项技术现在发展成怎么样？我的企业是否在这个时间点引入？我们办的是企业，不是科研院所，要用整体最低的成本（包括员工适应的时间成本、迁移成本等）应用一项技术。

面对新兴数字技术涌现的浪潮，我建议读者不要焦虑，关键是找到适合自己企业所需的技术。面对大数据、AI 技术、云计算、雾计算、VR 技术、AR 技术、MR 技术、AIOT 技术、低代码等一大堆技术名词，作为业务管理者，首先不是看这项技术的细节，而是先用高德纳技术成熟度曲线审视其成熟度，考虑引入的时机和节奏。其次，我们要围绕自身企业价值流，在研发、营销、销售、服务、供应链、财务、办公等环节，审视这些技术要怎么样才能融入业务场景。

需要提醒大家的是，对待技术不要好高骛远，在某一个场景应用技术时，也涉及场景应用成熟度。以把 AR 技术应用到研发场景形成 AR 辅助设计为例，如果对 AR 辅助设计的应用深度赋分 1~5 分，1 分表示应用很浅，5 分表示应用很深入。当企业领导者问起 IT 部门是否帮助研发部门应用 AR 辅助设计时，得到的答案是已经应用了，但很可能只是蜻蜓点水，只应用到皮毛功能，才 1.5 分而已，离深入应用还有很长一段路要走。这时理解技术成熟度和场景应用成熟度的领导者会让 IT 部门明年继续帮助研发部门将分值提升到 2.5 分，这样才能不浮躁，把技术应用到位，享受到技术的真正红利。

在 2021 年华为中国生态大会上，华为公司首席信息官公布了一个数据："我每年花任总（任正非）1.6% 的收入，其中 2020 年花了公司 150 多个亿。"不了解华为的人可能不理解公司每年在 IT 上花那么多钱都花去哪了？但当你走近华为就会发现，很多钱不是花在引入新技术上，而是花在场景应用成熟度迭代上。

比如通信基站建设的站点数字化，为了实现站点对象的全量全要素定义，华为对站点信息的存储形态要求是从图像走向视频，最后走向 VR/AR，数据的确更全面了，存储空间也是几何级递增：存储一张 JPG 图像通常只需要 10M 的存储空间，但存储一个视频则需要 1G 的存储空间，存储 VR/AR 文件以实现实时辅助安装和设计则需要 10G 的存储空间。空间的背后意味着资金投入，而且这些存储空间不只是需要第一年投资建设，而是每年都要持续投资维系。也难怪人们说，数字化转型就是挺花钱的一件事。

只有不断结合场景把引入的技术透彻应用，让其成熟度分值从刚引入时的 1.5 分提升到之后的 3.5 分，乃至 4.5 分，才能实现技术突破，并不知不觉走到了行业的前列，这就是华为的实用主义在各条线上的体现。

点石成金 | 在这里，我想分别给业务管理者和 IT 管理者提一条建议。

给业务管理者的建议：

战国时期，魏国开国君主魏文侯和首席智囊田子方一起喝酒，旁边有乐队助兴。魏文侯忽然说："钟声好像不太和谐，左边那排的声音高了。"田子方听后只是笑了笑。魏文侯问："你笑什么？"田子方回答道："我听说，国君应该懂得任用乐官，不必懂得音乐。现在您这么懂音乐，恐怕对任免官员的事情就疏忽了。"魏文侯高兴地说道："说得太对了！"

中国传统文化中有一个词非常好——君子不器。作为业务管理者，必须有意识地让自己"不器"，在数字化转型路上不要把自己训练成 IT 专家。

业务管理者是否懂具体 IT 技术真的不太重要，外行之所以能管理内行，是因为外行有更高维度的思维方式。用好技术成熟度曲线，把握引入技术的节奏和场景，能把技术用好就行。

对 IT 管理者的建议：

若将数字技术工作者比作农民，数字技术就是农民手中的锄头，把地种好才是好农民，切勿本末倒置，到处去炫耀锄头。

10~20 年前，IT 部门的视角是信息系统功能模块的建设，因此形成众多烟囱式信息孤岛。如今，那些痛定思痛、率先觉醒的 IT 部门意识到，必须调整思路，不要再钻技术的牛角尖，而应好好地为业务场景找技术，否则建的系统越多，被业务部门骂得越狠，IT 总是走不出"挨踢"的怪圈。

*在本节写作中，刘润、周良军、黄文强、陈东锋、周庆林、陶景文、黄剑锋、王歆等专家的睿智洞察与独到见解对我影响较大，向这些数字时代的先行者致敬。

定制化的本质是模块化

青岛酷特智能

1 → 流程驱动：
数字化智能
工厂，流水
线生产个性
化定制

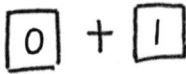

$0 + 1$

2 → 数据驱动：
关键要素转换成
数字和数据

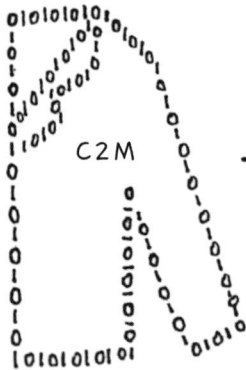

C2M

3 → 组织重塑：
全员自治，
成本降低
50%，效率
提升20%

做小颗粒度，化解定制需求和模块
高效供应的矛盾，实现高效率协作

视觉呈现：山水 sunshine

21 "颗粒度"：数字思维的独特魅力

高度定制化，本质就是高度模块化

话题焦点 | 技术人员讲课，普遍让人产生敬畏心理，但 2022 年我听了微软（中国）首席技术官韦青解读数字化的本质后，钦佩之情油然而生——高手总是用最通俗易懂的语言让人秒懂。他讲述的其中一个核心观点给我留下了非常深刻的印象，这个观点是"物质颗粒度本身造就了容器效率的改变"。

他山之石

唐文、叶壮和我三人合著的《秒懂力》一书，曾谈到一个解读复杂原理的方法：类比法。为了帮助听众理解，韦青首先打了一个比方：一只杯子只能装下 5 颗鸡蛋大小的石头，如果把石头打成粉末，这个杯子就可能装得下 10 颗鸡蛋大小的石头。

杯子还是同样的杯子，只是石头的颗粒度变小了，因此得出一个启示：在容器容量不变的情况下，物质颗粒度越小，该容器可容纳的物质数量就越多，颗粒度本身造就了容器效率的改变。

数字化的过程，如同大颗粒石头转换成小颗粒粉末的过程。人们对物理世界的曲线影像就像若干条模拟信号，经过数字化的处理后，变成 0 和 1 两个阿拉伯数字组成的数字信号。

随着颗粒度变小，数字信号的曲线形状无限逼近模拟信号，一旦超过某一个临界值，比如99.9999%，人们就分辨不出二者的差异。与此同时，供应侧却发生了质的变化：同样是绘制100条信号曲线，每一条模拟信号都不同，数字信号却是每一条都相同，前者不具有可复制性，后者具有可复制性。因此，也有学者称数字化具有"结构优势"，这正是从可复制性角度来表述的。

可能一些非理工科读者理解以上这段文字会感到比较吃力，请不要在意，接下来，我会通过案例帮助大家理解。

案例一：华为如何通过做小颗粒度实现高效率协作

每一家公司，不管规模如何，都涉及合同管理。华为是全球性公司，高效管理合同成为交易效率提升的关键。他们是如何管理合同的呢？

第一步，华为把合同分为四大类，包括销售合同、服务合同、员工合同、采购合同。第二步，华为并非把一份合同视为一个整体，而是拆解成48个逻辑数据实体和867个属性，包括合同类型、华为合同号、税务信息、合同金额、合同风险、合同价格、合同配置、保修时长、发货地址、付款条款、验收条款、签约主体、签约客户、业务假设等。

通过分类思维和在颗粒度上做文章，华为对服务对象进行切割和重新组合，从而灵活适配业务的不同场景，达到快速响应业务变化的效果。

以重要项目签约为例。签约前，公司有一个合同内部评审环节，假如要经过法务、财务、研发、供应、售后5个部门评审，每个部门都需要2天，那么，在没开展合同对象颗粒度切割前，需要逐一串行传递整个合同，合同评审全流程需要10天才能完成。但对合同对象进行切割组合优化后，就可以把这个动作从串行改为并行，每个部门评审需要 2 天，整体也只需要 2 天就完成，这给业务活动带来 4 倍以上效率的提升，而且节点越多，相应的效率提升效果越明显。

案例二：青岛酷特智能的 C2M 本质 [⊖]

供需矛盾也可以通过做小颗粒度的方式化解。从供应侧看，可复制性是企业做大规模、降低成本的关键路径。然而，从消费侧看，个性化却是消费者日益期待的方向。供需二者之间的冲突，需要找到一个平衡点，才能兼顾企业成本和客户需求的双重制约。

青岛酷特智能在以上供需平衡上的探索，极具代表性和借鉴性。酷特智能起源于 1995 年张代理创办的红领服饰，这是一家西装定制工厂。2005 年，张代理的女儿张蕴蓝海外留学归来，2007 年成立酷特智能。年轻人有年轻人做企业的新想法，张蕴蓝想创办一家流程驱动和数据驱动相融合的大规模个性化定制服装工厂。为此，她和团队历经 10 年左右，搭建起一个客户在线自主设计、实时下单、全程进度在线可视的服装定制新平台。业界把这种模式称为 C2M 模式，目前已为超过 200 万名对西装有高要求的客户提供定制服务，其中 90% 订单来自海外。

2016 年，唐文、韦庆兵和我一起去青岛实地考察酷特智能的工厂，新工厂基于数据驱动的有序运作给我们带来很大震撼。2018 年，总裁读书会节目邀请张蕴蓝解读世界经济论坛主席克劳斯·施瓦布（Klaus Schwab）的著作《第四次工业革命：转型的力量》，期间她现身说法，以创办运营酷特智能为例做了解析，我有幸作为这一期节目的对话嘉宾与她深度探讨这个模式的可

⊖ 相关资源及数据来自青岛酷特智能公司。

持续性。

两年后，2020年，酷特智能登陆深圳证券交易所创业板。她的企业成功上市，这种模式终于获得了资本的认可，成为制造业企业数字化转型的学习标杆。目前酷特智能青岛工厂已经接待了全球数万人次的参观学习。

2018年，我在节目中与张蕴蓝对话时，她讲了一句非常有洞见的话："高度定制化，本质就是高度模块化。"要在供应侧的规模生产和需求侧的个性定制之间达到平衡，必须在物料的颗粒度上做文章，当把模块化的预制件提前做好，再根据客户需求组合这些预制件，就有可能完成这对矛盾之间的平衡。这也是前文微软中国CTO韦青谈到数字化本质时表达的那个观点：物质颗粒度本身造就了容器效率的改变。

酷特智能的做法，归结下来是"两个驱动、一个重塑"，即流程驱动、数据驱动、组织重塑。

流程驱动。 酷特智能以3000人服装工厂为实验室载体，历时10余年，打造了数字化的智能工厂，用工业化大流水生产线实现个性化定制生产，实践了C2M需求直达工厂的商业逻辑，使客户个性化需求得到了充分满足，使制造商由被动变为主动，不再由中间商主导，重塑了供需关系的健康平衡。

数据驱动。 把企业的关键要素，转换成数字和数据，利用计算机技术（移云物大）代替或辅助人工，实现数据驱动。酷特智能积累了超过200万名顾客个性化定制的板型数据，包括板型、款式、工艺数据、领型数据、袖型数据、扣型数据、口袋数据、衣片组合等各种设计元素。酷特智能通过数据提升企业部分或全部环节、流程的运行质量和效率，提高企业的盈利空间。

组织重塑。 传统管理下的科层制已经落后，逐步跟不上这个时代，随着信息技术、数据技术、人工智能技术的成熟，管理变革与进化成为必然。酷特智能践行治理取代管理，创造了企业"治理体系"，在无部门、无科层、无审批、无厂长、无车间主任、无班组长的状态下实现了全员对应目标，数据驱动、高效自治，管理成本降低了 50% 以上，生产效率提升了 20% 以上，使管理发生了质的变化。

从红领服饰走向酷特智能，数字化转型的过程带来巨大的变化。

我比较一下传统服饰制造和酷特模式的差异。

- 在生产方式上，前者是做了再卖，后者是卖了再做；

- 在库存上，前者必然带来大量成品库存，后者是无成品库存；

- 在现金流上，前者因为库存而产生较大的资金占用，后者则因为收了客户的钱才生产，现金流充足；

- 在产品上，前者是同质化，一衣万人穿，后者是个性化，一衣一款，一人一版，乃至可以做到一人多版；

- 在价格上，前者一旦涉及定制成本就很高，后者则因为数据驱动的模块化组合，能给客户带来高性价比的定制；

  …………

酷特智能所选择的数字化转型道路，有一个关键名词——C2M 模式，全称 customer-to-manufacturer，意为用户直达工厂。这是在工业互联网背景下产生的由用户驱动制造的反向生产模式。

C2M 模式对制造业产生的意义有两点：一是降低供应侧成本，以标准数字化、柔性化生产流程，形成交付过程透明化，而且零库存的方式削减成本高能耗点；二是增加需求侧满意度，以完备产品选配数据，满足客户个性化产品的短周期交付。

然而，这种模式对工厂的能力要求极高，主要体现在两点：一是在前端能力上，要求订单处理与分发、设计数据与制造工艺数据同步；二是在后端能力上，要求基于工业互联网的透明化、柔性化进行制造改造。

在这个过程中，工厂要将机器、物料、成品、工况以数字化方式呈现，通过流程驱动、数据驱动精准地掌握设备、过程、产品和客户需求，依据数据做决策，从而实现供应链和生态链的协同，推进全过程管理。可以说，没有数字化转型，是不可能完成 C2M 模式的。

无独有偶，不仅酷特智能走上这条道路，本书前文中讲到的美的集团数字化转型之路本质上也走向了 C2M 模式，它在走过"632"的三个统一（统一流程、统一标准、统一数据）之后，在 2015 年进入第二个阶段时提出的"T+3"全价值链数字化运营模式本质上也是 C2M 模式。

点石成金 | 数字化转型的意义，不仅是提升客户体验，降低运营成本，提升运营效率，还可能延伸出新的商业模式。在这方面，酷特智能和美的集团、三一重工，在数字化转型之路上已走在前面。酷特智能把自身数字化转型的经验溢出，从独善其身到赋能其他行业，成立了酷特 C2M 产业互联网研究院对外提供数字化服务，目前已帮助全国纺织服装、机械、医疗、食品、化工等多个行业、100 多家企业进行数字化转型，根据不同行业客户需求提供定制化解决方案，提供企业培训、咨询诊断、工程改造等服务。

与此相似，美的集团把自身数字化转型的经验溢出，成立美云智数对外提供数字化服务；三一重工把自身数字化转型经验的溢出，成立树根互联对外提供数字化服务。

未来，将有万千企业，勇立潮头，敢为人先，投入数字化转型之旅并走向成功！

* 在本节写作中，韦青、张蕴蓝、谢康、肖静华、陶景文、陈雪频、唐文、叶壮、韦庆兵等专家的睿智洞察与独到见解对我影响较大，向这些数字时代的先行者致敬。

参考文献

REFERENCE

［1］ 邓斌. 华为管理之道：任正非的 36 个管理高频词［M］. 北京：人民邮电出版社，2019.

［2］ 邓斌. 华为成长之路：影响华为的 22 个关键事件［M］. 北京：人民邮电出版社，2020.

［3］ 邓斌. 华为学习之法：赋能华为的 8 个关键思维［M］. 北京：人民邮电出版社，2021.

［4］ 周良军，邓斌. 华为数字化转型：企业持续有效增长的新引擎［M］. 北京：人民邮电出版社，2021.

［5］ 谢仁杰，邓斌. 数字化路径：从蓝图到实施图［M］. 北京：人民邮电出版社，2021.

［6］ 华为企业架构与变革管理部. 华为数字化转型之道［M］. 北京：机械工业出版社，2022.

［7］ 郭为. 数字化的力量［M］. 北京：机械工业出版社，2022.

［8］ 武常岐，董小英，等. 创变：数字化转型战略与机制创新［M］. 北京：北京大学出版社，2021.

［9］ 唐湘民. 汽车企业数字化转型：认知与实现［M］. 北京：机械工业出版社，

2021.

［10］约翰 P 科特，丹 S 科恩. 变革之心（珍藏版）［M］. 刘祥亚，译. 北京：机械工业出版社，2021.

［11］马丁·里维斯，纳特·汉拿斯，詹美贾亚·辛哈. 战略的本质：复杂商业环境中的最佳竞争战略［M］. 王喆，韩阳，译. 北京：中信出版社，2018.

［12］李翔，李颖. 制造企业创新路径：方法与案例［M］. 北京：机械工业出版社，2022.

［13］顾建党，俞文勤，等. 数商：工业数字化转型之道［M］. 北京：机械工业出版社，2020.

［14］朱相鹏. 拉通：华为十倍增效千倍增长的横向逻辑［M］. 北京：机械工业出版社，2022.

［15］涂子沛. 数商：如何用数据思考和行动［M］. 北京：中信出版社，2020.

［16］陈雪频. 一本书读懂数字化转型［M］. 北京：机械工业出版社，2020.

［17］安筱鹏. 重构：数字化转型的逻辑［M］. 北京：电子工业出版社，2019.

［18］李开复，陈楸帆. AI 未来进行式［M］. 杭州：浙江人民出版社，2022.

望远能知风浪小，凌空始觉海波平

中国著名书法家欧阳中石写过一幅名联："望远能知风浪小，凌空始觉海波平。"意思是说：大海的风浪再大，只要你站远一点看它，也不觉得风浪很大；大海的波浪再起伏，你要是从空中看它，就会发觉其实海面很平静。

在企业数字化转型研究和实践的路上，已经有很多有智慧的前辈和同行，他（她）们的卓越研究成果给予我很大启迪，站在他们的肩膀上，我观察数字化浪潮时豁然开朗。在创作本书的过程中，他们的真知灼见对我有非常大的影响，特别感谢。本书一共讲述企业数字化转型的 21 个小故事，在每个小故事的结尾，我都对影响我写下这个故事的前辈和同行做了鸣谢，但由于记忆偏差，可能有些名字被遗漏了。恳请被遗漏了名字的前辈和同行与我联系，在本书再版时及时补充修正。

希腊哲学家芝诺将人的知识比作"圆圈"，以"知识圆圈说"阐释有知与无知的关系：一个人所知道的东西在圆圈里，无知的东西在圆圈外，一个人知道的东西越多，圆圈就越大、周长也越长，不知道的东西也就越多，接触的无知的范围就更大。

我深知：数字化转型没有最终的答案，只有永恒的追问。感谢在本书序言中列举名字的众多企业的管理者们，我每次带着"管理者的数字化转型"课程走进你们的企业都战战兢兢，而你们对行业的洞见让我对各行各业始终保持敬畏之心。正所谓：三百六十行，行行都很深。在你们面前，百术不如一诚，你们在课堂上提出的不少问题，确实超过我的认知水平和能力水平，但恰恰是这些问题牵引着我对数字化转型的持续深研和实践。再次感谢你们。

感谢人民邮电出版社的各位老师，尤其是智元微库张渝涓、刘艳静、宋燕、郑连娟、缪永合、许文瑛、邱天、李昂等老师为本书的顺利出版所付出的巨大心血。感谢插画师山水 sunshine 老师的传神插画。

特别感谢为本书倾情撰写推荐语的76位大咖，感谢你们对我一路的鼓励。人的成长，很难单纯只靠内驱力驱动，更需要外部正反馈的持续激励。正是你们的持续鼓励和加持，我才有勇气和动力坚持每年不断创作和输出，特意鸣谢如下（排名不分先后）。

卢宇聪　万和电气董事长

高登锋　东阿阿胶股份有限公司董事长

周广军　稻香村食品集团股份有限公司总裁，苏州稻香村食品有限公司董事

张继学　新潮传媒集团创始人、董事长

朱岩梅　华大基因集团执行董事、执行副总裁

何思模　易事特集团创始人、董事局主席

余　锋　霍尼韦尔中国区总裁

缪竞红　菲尼克斯 (中国) 投资有限公司副总裁

张蕴蓝　青岛酷特智能股份有限公司董事长

李　琦　杭州瑞德设计创始人，中国工业设计协会副会长

郑贵辉　中创集团总裁

胡臣杰　阿里巴巴集团副总裁，南方航空原总信息师（CIO）

黄文强　南方航空副总信息师，广东省首席信息官协会会长

陈东锋　宝洁、万科等公司原副总裁/CIO，广东省首席信息官协会副
　　　　会长

陈广乾　兮易信息技术董事长，海尔集团原高级副总裁/CIO

邹来龙　中国核能行业协会专家委员会委员，深圳市 CIO 协会荣誉会长

李　红　中钢集团原信息管理中心总经理

郑利苗　广汽集团数字化部部长

周良军　华为公司原首席信息官，《华为数字化转型》作者

彭剑锋　中国人民大学教授、博士生导师，华夏基石管理咨询集团董事长

魏　炜　北京大学汇丰商学院管理学教授

董小英　北京大学光华管理学院荣休教授

郑毓煌　清华大学营销学博士生导师，世界营销名人堂中国区评委

肖静华　中山大学管理学院教授、博士生导师，中国信息经济学会数字
　　　　经济创新专委会主任

王　华　法国里昂商学院副校长，亚洲校区校长

曹洲涛　华南理工大学工商管理学院副教授

朱文忠　广东外语外贸大学商学院教授、博士生导师

秋　叶　武汉工程大学副教授，秋叶品牌创始人

肖利华　中科院管理学博士，浙江智行合一创始人，阿里巴巴集团原副总裁

穆　胜　穆胜咨询创始人，北京大学光华管理学院工商管理博士后

王喜文　博士，北京华夏工联网智能技术研究院院长

曹仰锋　博士，香港创业创新研究院院长，《第四次管理革命》作者

滕　泰　万博新经济研究院院长，新供给经济学和软价值理论创立者

何　丹　中德制造业研修院执行院长，浙江大学管理学院专精特新研究中心执行主任

赵宇波　山东产业技术研究院（青岛）执行院长

吴霁虹　教授，AI Business Lab 联合创始人

蒋　里　博士，斯坦福大学人工智能、机器人与未来教育项目主任

陈雪频　智慧云创始合伙人，《一本书读懂数字化转型》作者

唐兴通　数字化转型顾问，《引爆社群》作者

李　翔　独立顾问，《制造企业创新路径：方法与案例》作者

王甲佳　场景学社创办人，北京大学 CIO 班同学会原副会长

朱士尧　中国科学技术大学教授、研究生院原副院长，华为公司原党委副书记

杨　蜀　标普云创始人兼董事长，华为公司原副总裁

李　柯　杭州硕磐智能科技创始人兼董事长

谭新德　华为公司原首席知识官（CKO）

范厚华　深圳传世智慧科技创始人，华为公司原海外片区副总裁

兰　涛　华为公司原战略部部长 & 全球区域营销部部长

孟庆祥　华为公司原蓝军部战略专家，《华为饱和攻击营销法》作者

何伊凡　《中国企业家》杂志副总编辑

程明霞　《哈佛商业评论》中文版执行主编

陈　为　正和岛副总裁兼总编辑

王仕斌　《企业家》杂志副社长、执行主编

范　脡　中国企业数字化联盟秘书长，企业网 D1net& 信众智创始人 CEO

徐　瑾　英国《金融时报》中文网财经主编，"货币三部曲"作者

姚　乐　CIO 时代创始人兼研究院院长

李　圆　数字产业创新研究中心秘书长，锦囊专家创始人

闫　浩　江苏省企业信息化协会会长

徐泰伟　江苏省企业信息化协会秘书长

周庆林　广东省首席信息官协会秘书长

曾　明　广东省物联网协会秘书长

孟云娟　广东省企业管理咨询协会会长

颜艳春　盛景嘉成基金合伙人，山丘联康创始人兼董事长

何晓磊　日本价值工程协会中国区总代表

袁帅青　联想中国副总裁、华南大区总经理

郭耀峰　蓝色光标集团首席策略官，PRovoke Media 亚太最具创新力 25
　　　　人榜

高　飞　至顶科技 CEO 兼总编辑

阎雪君	中国金融作家协会主席，中国作家协会全国委员会委员
戴荣里	中国作家协会会员，中国人民大学科学哲学博士
雷文涛	有书创始人
周　童	企业家读书会创办人
雷建平	雷递网创始人，《上市风云》作者
郑义林	华董汇创始人，《攀登者》作者
朱相鹏	华为原项目独立顾问，《拉通》作者
徐志斌	见实CEO，《关系飞轮》作者
范海涛	传记作家，小米官方授权传记《一往无前》作者
唐　文	氢原子CEO，《轻营销》作者

最后，我想借用管理大师彼得·德鲁克的这段话与大家共勉。

"对于未来，我们唯一知道的就是它会有所不同。企图去预测未来，就像试着在夜晚没有灯的乡间小路心怀忐忑地盯着后视镜开车。预测未来的最好方式就是去创造它。"

心向星光，纵然前路千山万壑，我们终将抵达星辰大海。

衷心祝愿各位管理者，在数字化转型的路上，找到适合自己的最佳路径。

邓斌

我欣喜地看到《管理者的数字化转型》出版。2022 年，我与万和电气的核心供应商、合作伙伴听了邓老师的课程"管理者的数字化转型"，课程中的方法论模型和案例给我颇多启发。万和电气正在推进数字化转型，需要借鉴各行各业的优秀经验，期待更多像邓老师这样的数字化专家愿意把多年行业洞察经验集结成册。

卢宇聪　万和电气董事长

数字化，已经成为社会和管理的基础设施；数字化，既不是线上化，也不是技术化，更不是电商化；数字化，既不是消费端，也不是生产端，更不是数据端。《管理者的数字化转型》来自鲜活的企业实践，以生动而自然的方式，向我们立体展示了数字化的本质——一定是基于数据和技术、效率的人性化。邓老师告诉我们：管理者正在进化，必然而然。

高登锋　东阿阿胶股份有限公司董事长

企业数字化转型已是大势所趋，管理者的数字化意识必然先行，面对汹涌的数字化转型浪潮，借助"外脑"来打破行业思维惯性和路径依赖具有独特价值。作为一家中华老字号，我们在数字化方面也正积极探索，致力于成为科技化、数字化、智能化的行业引领企业。这本书为转型期的我们提供了很好的可参考借鉴的思路和经验。

周广军　稻香村食品集团股份有限公司总裁，

苏州稻香村食品有限公司董事

数字化转型应该怎么做？对所有企业来说，这个问题并没有统一的答案；但是企业管理者在面对数字化转型时，思维方式和思考维度的转变，是有迹可循的。本书汇集了多个领先企业在开启数字化转型之路后的"实战"心得和经验，我阅读后受益良多。作为线下媒体数字化的引领者和践行者，新潮传媒坚持长期主义，书中关于转型时所遇到的挑战和解决问题的方法引发了我的共鸣。希望大家也都能在这本书中找到对于企业数字化转型有价值的参考。

张继学　新潮传媒集团创始人、董事长

作为从企业实战中"打"出来的数字化管理顾问，邓斌的案例写得特别接地气，既扎实，又点穴。如果把企业信息化、数字化转型，比喻成从马车到燃油汽车再到电动汽车的升级过程，他则是修过车、开过车的，现在又成为观察和指导别人修车的顾问。我很认同他的观点：数字化转型一定不是以生产工具为核心的，而是以生产关系的调整为核心的，流程重构的背后是利益和权力格局的重构。正如从燃油车到电动车，其难点不在于技术本身，而在于行业利益格局的重构。唯有认识到这一点，企业的数字化转型才有可能成功。我有个谬见：中西方管理成效的差距，其实不比科技实力的差距小，但每当看到邓斌这样"修过车、开过车"的管理顾问越来越多，我对中国管理的未来就更有信心。

朱岩梅　华大基因集团执行董事、执行副总裁

当前，随着全球数字化发展进程持续深化，数字经济成为提质增效的新变量、转型升级的新蓝海。企业数字化转型的必要性和迫切性日益突出，同时也存在诸多挑战。作为数字化管理顾问，邓斌先生在中国领先企业管理和数字化转型案例研究方面建树卓越。本书以"管理者的数字化转型"为中心，用理论结合实际，从商业进化论、管理变革力、技术加速度三个方面，就数字化转型过程可能存在的问题、突破方法等做了鞭辟入里的阐释，点睛之处、可鉴之处甚多，可谓是一场"及时雨"，对我国企业数字化转型的升级推进具有重大意义。

何思模　易事特集团创始人、董事局主席

邓斌的这本《管理者的数字化转型》让我们看到，面向扑面而来的数字化转型浪潮，仅仅打破行业思维惯性和路径依赖是不够的，还需要躬身入局，共建共创，基于自身业务，完成从实践中来到实践中去的"实学"。

余锋　霍尼韦尔中国区总裁

这本书不追求宏大的叙事，它针对人天生就爱读故事的天性，采用具有亲和力的结构将阅读枯燥的理论转化为具有良好体验的过程。与此同时，它针对今天碎片化阅读的时代特点，将真知灼见融入一个个短小精干的故事。读它的过程中充满惊喜，刚刚遇见了纯美的"珍珠"，一转弯又碰上了耀眼的"宝石"。我最欣赏的是"数字化转型的难点不在于数字化，而在于转型"，一针见血。要提高数字化转型的成功率，弄清这个关键点非常重要。我们完全有理由期待该书的出版，能够为广大管理者在面对数字化转型重大课题时带来启发和洞见。

缪竞红　菲尼克斯（中国）投资有限公司副总裁

当今世界，数字经济已成为全球经济的主要形态，数字化转型是企业适应数字经济，谋求生存发展的必然选择。毫无疑问，所有企业必须走上数字化转型的道路。什么是数字化转型，如何走向数字化转型？目前还没有统一的答案，每个企业都在实践探索的路上。"大时代，小故事"，邓老师在本书中通过一个个鲜活的案例故事，为我们呈现了数字化转型的全行业、全场景实践探索。"见微知著"，我相信，小故事凝结着大智慧，希望这本书给数字化转型路上的所有人带来启发！

张蕴蓝　青岛酷特智能股份有限公司董事长

数字化转型，似乎已不是新鲜概念，但深入文章，你会惊喜地发现邓老师将数字化从技术视角转换到思维视角，高价值萃取出数字化更多商业原力的可能。

李琦　杭州瑞德设计创始人，
中国工业设计协会副会长

数字化是未来企业的必然选择，是未来资产的有效载体，是企业发展到一定

阶段的飞跃。无数字化，无管理未来。数字化转型是一件知易行不易之事，讲究算力，更讲究算法，是未来对现在的拷问，是现在对未来的追问。对广大管理者来说，如何在数字化转型中穿越时空，走向未来，也许可从邓斌这本书中得到启悟。

郑贵辉　中创集团总裁

邓斌的著作《管理者的数字化转型》有助于管理者系统理解数字化转型的现状和底层逻辑，提高自身企业数字化转型的成功率，持续创造新价值，实现"人的价值最大化"。

胡臣杰　阿里巴巴集团副总裁，

南方航空原总信息师（CIO）

当今时代，企业数字化转型进行得如火如荼，有关文献、资料、论著浩如烟海，让众多企业管理者云里雾里，推动数字化转型不知从何入手。老友邓斌的新书将优秀转型案例以通俗易懂、深入浅出的方式呈现给读者，让我们耳目一新，深受启发。相信广大读者通过阅读本书，一定能"读懂弄通能悟道，上云用数促赋智；组织流程俱转型，拨开云雾见青天"。

黄文强　南方航空副总信息师，

广东省首席信息官协会会长

有别于市面上大量的技术导向的数字化转型图书，邓斌的新著《管理者的数字化转型》从企业管理者视角展现了数字化变革的关键因素，对企业管理者很有启发意义。参照业界成功案例和我的实践经验，企业数字化转型成功的最重要因素是管理者对数字化转型拥有全面正确的认知与坚强的转型领导力，有效利用数字化技术创新变革经营管理模式，更好地建立用户关系，业务全面数字化，数智决策，整合生态资源，全面提升竞争力。

陈东锋　宝洁、万科等公司原副总裁 /CIO，

广东省首席信息官协会副会长

读了朋友邓斌的专著《管理者的数字化转型》，前后读了两遍，收益颇丰。其中收获之一是关于华为军团的阐述。之前从零星报道知道华为成立了 20 个军团，而关于军团创立背景及其与现有组织的关系等疑问，在邓斌的专著中得以解惑。同时我有两个期待。首先，非常期待作者接下来能从第三者独立角度，更仔细观察华为军团的实践：一是华为军团的实际效果是否如任正非先生创立军团时所期望的；二是它在内外横向资源和纵向的整合上有哪些创新实践；三是与华为传统组织，尤其是与一线的代表处在形成高效协同作战方面有哪些经验，这是很多大中型企业管理者非常期待的。还有一个更深的期待。张瑞敏先生近些年一直在践行以"人单合一"为出发点的小微企业的创设和发展，如果作者能对华为和海尔两家优秀企业的两种并不相同的创新组织实践进行比较研究，这对中国企业管理者将大有裨益。

陈广乾　兮易信息技术董事长，

海尔集团原高级副总裁 /CIO

管理者，尤其是中高层管理者，是推进数字化转型取得实效的中坚力量。本书从管理者视角出发，通过 21 个鲜活的小故事，生动讲述了数字化转型过程中管理者应该把握的核心理念，以及来自许多先行者的宝贵实践。这些总结提炼，对于各类组织的管理者如何以跨界和创新思维推进数字化转型，发挥好组织的数据和场景优势，促进数字技术有效解决治理和发展中的新问题，具有很好的参考和借鉴作用。

邹来龙　中国核能行业协会专家委员会委员，
深圳市 CIO 协会荣誉会长

本书的成果来自作者在教学相长互动中产生的结晶，书中有三点给我启发颇深。其一，成功的数字化转型必须重视管理者的作用。"管理者"应该是企业中既拥有资源配置的能力又非数字技术专业之类的人士。其二，找准"场景"意味着数字化转型已具备成功的基础。"数字时代，场景是连接业务与技术的关键桥梁，是业务部门与 IT 部门之间对话的普通话"道出了真谛。数字化转型的真正场景一定是数字技术与实体业务有效"融合"的产物。其三，什么是成功的数字化转型？作者引用古今中外案例展开说理，阐述一个结论：数字化解决的是生产工具的升级换代问题，而转型解决的是生产关系重新达成共识的问题。现实中，变革者往往高估目标、低看阻力，得益者往往又态度暧昧以求明哲保身。如果你是管理者，请认真读一读本书，亦书亦友。

李红　中钢集团原信息管理中心总经理

企业数字化转型是由快速且加速发展的信息技术驱动的企业持续变革活动。企业变革理论有一个"组织先行"原则——变革需要组织准备度，要有先行先试

的开路先锋。这本新书抓住组织对企业数字化转型认知这一关键问题。作者多年来专注于"管理者的数字化转型"这一主题，为各种各样的企业开展培训，进行多次调研活动，从中累积了大量素材，加上在华为十多年的工作经历，提炼出自己的真知灼见，汇集于本书。书中充满各种智慧的洞察，结构清晰，易于理解，相信它可以为有志于企业数字化转型的企业界人士提供极具价值的借鉴。

郑利苗　广汽集团数字化部部长

我欣喜地看到邓斌的创作力，2021 年我们二人合作推出《华为数字化转型》，时隔一年他又写成数字化领域新著《管理者的数字化转型》。邓斌在该书中所用的结构很清晰，以"商业进化论、管理变革力、技术加速度"为轴讲述华为、特斯拉、美的等知名企业的数字化转型故事。感谢邓斌把这些宝贵的经验记录下来，相信这本面向业务管理者的力作，会给正在进行数字化转型的企业和企业管理者带来耳目一新的价值，值得大力推荐。

周良军　华为公司原首席信息官，
《华为数字化转型》作者

在《管理者的数字化转型》这本书中，作者用多个鲜活的商业案例去解读数字时代的管理思维，使得复杂的管理浅显易懂，能够让更多的中国企业管理者受益，值得一读。

彭剑锋　中国人民大学教授、博士生导师，
华夏基石管理咨询集团董事长

产业互联网时代，中国需要大量数字化企业的崛起。先行者的经验教训为有志于此的公司树立了灯塔。邓斌用他对产业生态构建的深刻探索，同时站在社会企业的角度，以一种独特的表现形式，为我们展现了管理者视角的数字化转型精髓，匠心独运，值得一读。

魏炜　北京大学汇丰商学院管理学教授

企业数字化转型是一个热门话题，写书的人很多。数字化转型是非常务实具体的工作，脚踏实地闯出一条路来，才会有真知灼见。数字化转型专业性较强，技术＋管理＋业务＋沟通高度融合，需要跨界。尽管目前概念很热，但大家对到底怎么做还是不太清楚。邓斌有在华为工作的实际经验、有从企业看问题的视角、有丰富的知识和管理背景，也有讲故事的能力，相信他的书能为管理变革和数字化转型提供有意义的参考和借鉴。

董小英　北京大学光华管理学院荣休教授

数字化转型是今天这个时代企业的必修课，然而，很多中小企业的管理者仍然不知道该如何进行数字化转型。书享界创始人、华为原中国区规划咨询总监邓斌的新著《管理者的数字化转型》讲述了数字时代的多个小故事，对广大中小企业的数字化转型非常有启发，值得一读。

郑毓煌　清华大学营销学博士生导师，
世界营销名人堂中国区评委

当前，探讨数字化转型的图书可谓百家争鸣、精彩纷呈，而邓斌先生的《管理者的数字化转型》有其独有的特色：以 21 个小故事为牵引，窥见数字化转型的宏大主题。故事之间既相互独立，又彼此关联；既有完整的逻辑结构，又有精巧的细节呈现；既能给人以思维的启迪，又不会有阅读的负担。在数字技术颠覆和重构组织的时代，管理者既需要有敢于创新的胆识，又需要有预判未来的见识，更需要有踏实坚守的常识，才能顺势而为，借势腾飞。相信这本书能给准备转型和正在转型的管理者带来启发。

肖静华　中山大学管理学院教授、博士生导师，
中国信息经济学会数字经济创新专委会主任

数字化转型不是企业要做的选择题，而是必修课！管理者是数字化转型的推动者，然而他们真正在心智模式层面，正确回答为什么（why）和是什么（what）的问题，才是顺利推进数字化的关键所在。总结邓斌书中的 21 个小故事，"达成共识"是成功实现数字化转型的金钥匙：作为"压舱石"与"领头雁"的企业家与高层管理团队达成共识；管理层对新的生产关系达成共识；改革派与既得利益者达成共识；将客户需求作为数字化的本质达成共识；对数字化转型的长期性（非突击性、运动性）达成共识；对他山之石的方法论达成共识。

王华　法国里昂商学院副校长、亚洲校区校长

这本书清晰地呈现了数字化转型的切入点、关键点和落地路径，尤其是书中的三个观点我尤其赞同。

第一个观点："生意，是为了解决痛点而生的主意。"应用现代数字技术升级改造原有的业务与商业模式，具体改造哪里呢？答案是在巨变的环境下，围绕市场、客户、供应商等企业各种利益相关者诉求中的痛点进行。

第二个观点："为场景找技术。"数字化转型工作最终一定要落实到具体的业务场景中，这为企业的数字化转型提出了切实可行的落地路径。

第三个观点："数字化转型，难点不在于数字化，而在于转型。"变革主导者往往高估了转型中"数字化"技术的部分，而低估了那些因为变革带来的利益格局改变所形成的巨大阻力。

曹洲涛　华南理工大学工商管理学院副教授

邓斌的这本新作，选题富有时代性，论证颇具故事性，观点极具创新性。在如今市面上关于数字化转型的图书已经汗牛充栋的格局中，可谓独树一帜，值得一读。

朱文忠　广东外语外贸大学商学院教授、博士生导师

数字化转型一直是企业关注的话题，如何通过先进的生产力工具让企业人效倍增，邓老师的这本书不仅给出了大量特别新鲜的一手案例，更为我们拆解了不同行业领先企业背后业务转型的逻辑。建议正在推进数字化转型的企业管理者读一读这本书，它能帮助我们打开很多经营思路。

秋叶　武汉工程大学副教授，秋叶品牌创始人

近年来，数字经济发展速度之快、辐射范围之广、影响程度之深前所未有，正在成为重组全球要素资源、重塑全球经济结构、改变全球竞争格局的关键力量。邓斌新作《管理者的数字化转型》视角独特，更加追求"启发性"而非"系统性"，呈现方式上采用"专栏式"而非"小说式"，单刀直入、讲完即止、干脆利落，是一本有趣的书。

> 肖利华　中科院管理学博士，
>
> 浙江智行合一创始人，
>
> 阿里巴巴集团原副总裁

中国企业的数字化转型步伐虽然坚定不移，但征途还远未抵达深水区，依然在犯大量低水平常识性错误。究其原因，一定是追逐操作工具先于澄清底层理念，追逐短期奇效大于建设长期体系。本书构思精巧，从场景出发，以案例切入，用精彩故事串起了数字化转型的大画面。胸有数字江山的人，定能读出风起云涌；向往数字转型的人，也能在故事里一悟百得。

> 穆胜　穆胜咨询创始人，
>
> 北京大学光华管理学院工商管理博士后

随着大数据、5G 和人工智能等新一代信息通信技术与传统产业日益深度融合，数字化的知识和信息数据已成为企业的关键生产要素，全业务、全流程朝向数字化转型升级的趋势愈发明显。邓老师是知名财经作家，在这本书中，开场明晰了管理者所关心的数字化转型覆盖的范畴，之后通过大量案例，介绍了数字化、数据驱动、数字时代，全面讲解了数字化转型的路径范式以及新思维和新模式，值得深入研读。

王喜文　博士，北京华夏工联网智能技术研究院院长

数字经济时代，未来的企业都将转型为数字企业。然而，向数字企业转型并非易事，正如邓斌先生在本书中所讲的，数字化转型难点不在于"数字化"，而在于"转型"。"数字化"解决的是生产工具的升级换代问题，"转型"解决的是生产关系重新达成共识的问题。本书通过分析企业数字化转型的故事与案例，深刻地揭示了数字化转型的本质，令人受益匪浅。

曹仰锋　博士，

香港创业创新研究院院长，

《第四次管理革命》作者

数字化技术正在深刻改变着全球经济形态和价值创造方式，正如中国"十四五"规划纲要提出的"以数字化转型整体驱动生产方式、生活方式和治理方式变革"。在数字化转型的新时期，实战派专家邓斌所写的这本书恰逢其时，为管理者呈现了数字化所驱动的全新的企业战略方法论、价值创造新方法，帮助企业透视战略目标和发展痛点，建设与自身相匹配的组织能力，通过自身力量实现转型目标。

滕泰　万博新经济研究院院长，

新供给经济学和软价值理论创立者

中德制造业研修院邀请邓斌老师讲授"管理者的数字化转型"课程，深受企业家学员好评。我也曾全程听课，有两点感受：一是邓老师是真正懂企业数字化转型的专家；二是企业数字化转型的首要前提是管理者的数字化转型。令人欣喜的是，这两点都被邓老师写在了这本新书里。"知行合一"是本书的最大特点，相信不论在理论层面还是实践层面，都会引起数字化转型的研究者与企业管理者的许多联想与共鸣。

何丹　中德制造业研修院执行院长，
浙江大学管理学院专精特新研究中心执行主任

企业数字化转型，是比任何转型都更彻底的转型，本质上是基于实体物理空间上的组织向赛博物理空间上的体系转型，需要洞察、选择、决心和更高维空间的构建能力。邓斌先生长期与企业和企业家一道在实战中研究企业管理变革和数字化转型，本书与其说是若干故事型案例的集合，不如说是不同资源禀赋的企业所做出的各异选择历程，非常全面，文笔生动，值得深入研读领会。

赵宇波　山东产业技术研究院（青岛）执行院长

对很多传统企业来说，数字化转型就是可持续发展迈不过的坎。邓斌的《管理者的数字化转型》一书，用真实的案例把那些已经走上数字化转型之路的管理者们的所思所想所实践呈现出来，值得借鉴。

吴霁虹　教授，AI Business Lab 联合创始人

随着人工智能技术的发展，人类迎来了第四次工业革命，部分脑力劳动也开始被机器替代，如工业相机质检、智能调度、医学影像诊断等。对一个企业或组织来说，如何利用数字化的智能系统构建优势，将成为构筑企业或组织竞争力和发展数字经济的关键。让机器服务于人，成为人的有力工具，为人创造价值，这才是人工智能的最大意义。邓斌这本书，对我们思考这层意义具有较好的借鉴价值，推荐之。

蒋里　博士，

斯坦福大学人工智能、机器人与未来教育项目主任

初看到这本书稿，我的第一反应是：数字化转型的书还能这么写？的确，这不是一本关于管理者如何做数字化转型的工具书，而是一本写给管理者在数字化转型中的启示录。这本书用了一个又一个鲜活的商业故事，讲述企业在数字化转型中遇到的各种场景以及它们的解决方案，然后加上作者的评论。这些商业故事未必都与数字化转型高度相关，但对管理者的日常工作较有启发，可读性很强，值得一读。

陈雪频　智慧云创始合伙人，

《一本书读懂数字化转型》作者

生物的进化分为：人工选择、自然选择与性选择。数字化转型成功的企业更多的是人工选择层面上的刻意进化。数字化转型只是一次比较大的转型与变革而已，管理者需要时不时地提醒自己：数字化只是手段，目的是创造价值与增长。邓斌先生的这本书从不同角度剖析数字化转型众多核心问题，行文流畅、案例有趣、叙事可读性佳，推荐给你。

—— 唐兴通　数字化转型顾问，

《引爆社群》作者

　　数字化是应对百年之大变局的不变量，已成为企业关注的焦点，然而由于数字化体系复杂、涉及技术环节繁杂、所投入资源巨大且成功率不高等因素，让管理者们望"数"却步。本书围绕数字化转型路上管理者关心的核心问题，通过多个鲜活案例，画面感很强地将数字化转型这一严肃的庞大课题，深入浅出地呈现在管理者面前，是从实践中来到实践中去的经验结晶。小故事、大道理，给人启迪，发人深省，值得反复研读。

—— 李翔　独立顾问，

《制造企业创新路径：方法与案例》作者

　　作为企业信息化领域工作方面的老兵之一，我也一直在探索面向数字世界迁徙进程中，各类组织会选择怎样的路径？当看到邓老师的这本书时，我不禁狂喜！书中所描绘的就是各种组织尤其是制造业企业进行数字化转型的正确打开方式。本书从管理者的视角出发，而不是技术手段的视角出发。书中的许多场景来自作者与企业家的直接沟通，以及企业现场的直接观察，对于正处于数字化转型焦虑期的人们来说，我们或许按图索骥就好。

—— 王甲佳　场景学社创办人，

北京大学 CIO 班同学会原副会长

数字化是当今世界的潮流，所有企业与政府部门都面临数字化转型的挑战和考验。关于数字化转型的图书已经出版了许多，邓斌的这本书有其鲜明的特色和独特价值。他采用向读者讲故事的形式准确地讲清楚了数字化转型的必然性、重要性，以及实现数字化转型的难点和关键。尤其重要的是，书中通过华为等优秀企业的案例指出，数字化转型不仅仅是一次技术升级，仅依靠技术专家是远远不够的。数字化转型是一次深刻的变革，成功的关键在于一把手，取决于一把手的认知、格局、态度和方法论。我强烈推荐这本具有独特价值的书。

朱士尧　中国科学技术大学教授、研究生院原副院长，

华为公司原党委副书记

随着数字经济时代的来临，企业的数字化转型已经成为必经之路，也就意味着数字化转型成为管理者的必修课。当我们都在谈论这个课题的时候，是否想过什么样的企业是不需要数字化转型的？答案是原生的数字化公司。它们不需要完成数字化转型，它们只需要持续的进阶。那么作为传统企业的管理者，怎么理解数字化转型呢？

我的理解是企业从物理世界的信息化（流程、ERP、应用软件等），演进到一个企业的物理世界和数字世界并行的状态，因为在数字世界可以更高效准确地统计、建模、决策，再回到物理世界业务闭环，也就是"数实融合"的概念。管理者为什么一定要进行数字化转型呢？除了跟上时代趋势，最重要的是，要围绕更好地为客户创造价值、增强企业核心竞争力来规划和统筹数字化转型之路。

以上都是我对企业数字化的一些思考和实践，很高兴在邓斌的这本新书里都找到了答案和有参考意义的商业案例。故此推荐，祝各位企业家和管理者在数字化转型道路上持续进击，客户满意度和核心竞争力不断提升！

杨蜀　标普云创始人兼董事长，

华为公司原副总裁

当收到这本书的样书时，一看书名我就有了很大兴趣。因为自己创业正好在做企业经营管理数字化转型的数据智能软件系统，文中不少观点引起了很多共鸣。技术的发展与经济环境以及企业需求正在形成共振，也就带来了我们常说的行业价值转移，人的一生能遇见行业价值转移的机遇不多，而在数据成为新的生产要素的时代，却在各个行业都形成了大大小小的价值转移，这也是数字化转型是道必选题的原因。邓斌以自己近些年的客户交流经历提炼出不少的价值点，在书中娓娓道来，值得我们持续深究和探索。

李柯　杭州硕磐智能科技创始人兼董事长

解决企业新挑战，需要有新的管理模式升级。从领先公司的实践看，数字化转型是当前企业迅速提升组织作战能力、进行管理升级的最大趋势。本书向读者提供了 21 个标杆企业的实践案例，同时也提炼了案例背后的核心逻辑和规律。我是在飞机上读完这本书的。这本书可读性强、可参考性高、可复制性好，对于有志于数字化转型的企业或管理者具有非常强的指导意义。推荐大家深入阅读、思考，数字化转型改变从阅读本书开始。

谭新德　华为公司原首席知识官（CKO）

企业数字化转型是必选题，数据是新的生产力要素，数据智能不仅产生新的商业模式，更是打败商业对手的利器。都说企业数字化转型难，只要领导者理解了数字化的价值，从自身开始转身，带领企业奋力前行，一定能够走在成功之路上。邓斌先生在书中从"商业进化论、管理变革力、技术加速度"三个视角，详细阐述了数字化转型的经营、管理和技术之道，特别是多位企业数字化转型的管理者访谈与经验总结，值得正在开展数字化转型的企业高管借鉴与学习！

范厚华　深圳传世智慧科技创始人，

华为公司原海外片区副总裁

数字化转型，是当前企业发展的一个热门话题。然而，很多企业在使用了很多先进的 IT 工具后，仍然没有实现真正的数字化转型。存在的问题，一个如邓斌在本书中所述，数字化转型的关键是要"转型"；另一个关键问题是，一些管理者还是片面地认为数字化就是简单的 IT 工具，而没有把它作为企业未来发展的核心竞争力之一。邓斌在这本书中通过案例，非常生动地介绍了企业在数字化转型中常见的问题、解决方案以及成功实践，相信会给企业管理者和广大读者很多启发！

兰涛　华为公司原战略部部长 & 全球区域营销部部长

邓斌在华为工作十多年，主要深耕公司流程与 IT 领域，这是一个给华为内部管理实现流程化、信息化和数字化的部门。华为也是国内规模化应用 IT 工具最积极、最早、规模最大的公司。作为亲身实践者，邓斌已经与他人合著多本数字化图书，相信这本新书必有新料，更系统、更全面，值得一读。

孟庆祥　华为公司原蓝军部战略专家，

《华为饱和攻击营销法》作者

数字化是未来五年中最重要的商业主题之一，它正加速推动企业进入高频竞争时代，从传统组织到数字化敏捷组织的升级是企业的"转基因"工程。"转基因"的关键还是要看企业家。如果一个关键决策，企业家自己都没想清楚，他怎么能相信别人有可能想得更清楚，并敢于决策？邓老师的新作，从管理者的数字化转型入手，是非常有价值的视角，可为推动企业全要素的数字化转型提供参考。

何伊凡　《中国企业家》杂志副总编辑

企业的数字化征程，就像非洲草原的一次动物大迁徙，艰辛、漫长，事关生死存亡。这场史诗般的数字大迁徙，值得细致、精彩、充满洞察地记录和思考。邓老师一直是中国企业战略、数字化转型的深度思考者和赤诚陪跑者，听过他讲课的朋友，比如我，都会对他清晰、缜密、旁征博引的商业分析印象深刻，念念不忘。阅读这本书，惊喜于邓老师选择了一个十分新颖的角度讲述数字化，让我既获得阅读的愉悦，又进一步提升了对数字化的认知。书中讲述的 21 个小故事，就是关于企业数字化转型的 21 个真问题和深度洞察。无论身处数字化大迁徙的哪一阶段，我觉得这本书都值得管理者一直摆在手边，不时翻阅，陪伴企业数字化转型一往无前，早日上岸。

程明霞　《哈佛商业评论》中文版执行主编

20 多年前，未来学家尼葛洛庞帝提出，"数字化生存"将成为人类的一种新的生存方式。今天，中国企业集体面临的难题之一正是"数字化转型"，如果不能跨过这道坎，企业或将成为历史，成功突破则会拥有未来。如何破解这道难题？邓斌在书中以案例切入，以实战说理，相信会给管理者不少有益启示。

陈为　正和岛副总裁兼总编辑

一家管理软件商在杂志上做封面宣传，主题原为"要想效益好，人脑变电脑"，我建议他们改为"要想效益好，人脑加电脑"。企业数字化的根本驱动力是人的意愿、智慧与创造力；企业数字化转型，关键在于人的数字化转型。邓斌先生的书聚焦"大时代，小故事"，通过对故事与案例的解析，分享数字化转型的智慧与经验，语言简明清晰，内容深入浅出，相信企业管理者能从中获得启发，如作者所言，在数字化转型的路上，找到适合自己的最佳路径。

王仕斌　《企业家》杂志副社长、执行主编

第一时间看到了邓斌的这本新作，就爱不释手。极具实战性的开场篇"特斯拉卖保险"，不拖泥带水，不虚头巴脑掰扯一堆名词，而是用一连串的实战案例诠释了数字化转型的本质——以数字化手段和数据，推动业务乃至赋能和引领业务创新。这本书，对于许多大中型企业的管理者来说，不啻上了一个系列的数字化转型强化 MBA 案例班，能感受到实践性营养绵绵入体，功力见长。作为长期探索企业数字化转型的邓斌，再一次让我们眼前一亮。诚挚推荐此书！

范脡　中国企业数字化联盟秘书长，
企业网 D1net& 信众智创始人兼 CEO

数字时代，不少企业都走在了发展的十字路口，甚至可以说面临不进则退的处境，数字化转型也因此成为企业讨论的热门话题。问题不在于要不要转，而在于如何转，探索正确方向始终是难以回避的问题。在这种情况下，相比失败的故事，成功的榜样也许给予我们更有价值的参考。邓斌所著的这本书，通过呈现知名企业的转型故事，串联起数字化转型的诸多场景，视角独特，值得一读。

徐瑾　英国《金融时报》中文网财经主编，

"货币三部曲"作者

数字化转型是一个没有终点的过程，也是一个没有定法的探索，企业需要在不确定性中寻找机会和价值点，这也是企业家和管理者的价值所在。邓老师所著的《管理者的数字化转型》是他从很多实践经验中总结提炼出来的智慧结晶，我相信这本书一定会启迪很多企业管理者的思维，让他们看到方向和价值。

姚乐　CIO 时代创始人兼研究院院长

邓斌凭借 20 多年在管理与数字化领域的实战和研究经验，结合中国企业发展痛点，用三大篇章多个有趣的小故事深入浅出地剖析了数字化转型的关键点，使本书对管理者具有极强的实践指导意义。在阅读过程中，就像有位导师一直在旁边引导，通过不断地启发思考，将数字化转型的认知和能力潜移默化地植入心田。

李圆　数字产业创新研究中心秘书长，

锦囊专家创始人

多数企业推进数字化转型依然困难重重：80%的中小企业仍然处在初步探索阶段，尚未进入应用践行阶段；中国领军企业开展数字化转型成效达到预期的也只有16%。数字化转型究竟难在哪里？读完邓斌先生用生动的一手资料写成的《管理者的数字化转型》一书，我深受启发。我郑重推荐企业管理者阅读此书，因为没有管理者的数字化转型，中国的数字化转型战略就是一句空话。

闫浩　江苏省企业信息化协会会长

面对不同行业的数字化转型困境及挑战，本书通过多个有代表性的小故事，对数字化转型先行者的群体智慧进行了结集和呈现，有助于管理者系统理解数字化转型的现状和底层逻辑，打破行业思维惯性和路径依赖，提高自身企业数字化转型成功率；内容新颖，笔酣墨饱，值得借鉴。

徐泰伟　江苏省企业信息化协会秘书长

企业的转型是由管理者来主导完成的，以数字化为关键特征的企业转型也不例外。数字化转型需要管理者从商业模式更新、组织与流程变革，数字化技术部署夯实等步骤构成。邓斌在这个命题上持续深入思考、观察与实践，把其本质看得越来越清晰、透彻。强烈推荐企业的最高决策者、高级管理团队、数字化平台实施主导者共同阅读本书，在数字化转型路上统一目标和路径方法，少走弯路。

周庆林　广东省首席信息官协会秘书长

物联网目前已经成为推动企业数字化产业转型的重要基础设施，数字化转型不仅是转型企业面临的课题，更应是给转型企业提供数字化技术支撑的广大物联网企业共同钻研的课题。本书是作者常年赴企业开展数字化转型培训积累的成果，是与诸多企业一线管理者碰撞出来的智慧火花，也是指导企业数字化转型的实践真知，极具启发，值得一读！

曾明　广东省物联网协会秘书长

非常荣幸第一时间拜读了邓老师的新作《管理者的数字化转型》，我为邓老师的洞察力点赞，选题太精准了，切中了后疫情时代企业发展的脉搏。书中的小故事牵引读者踏上一场企业数字化转型思想之旅，精彩无限，收获无限。

孟云娟　广东省企业管理咨询协会会长

下一个 10 年，一切产业都将数字化，一切数字都将产业化。数字化就像氧气一样，成为每个企业生存的标配，一场迈向数字新大陆的大规模迁徙就在眼前。数字化转型到底难在"数字化"还是难在"转型"？转型的主角到底是"企业的转型"还是"企业家自身的转型"？老邓火眼金睛，穿透黑暗，充分释放他多年华为和常年咨询的功底，通过一个个的小故事揭示了隐藏在成功的数字化企业背后的底层逻辑和 DNA，娓娓道来，栩栩如生，帮我们厘清了数字化转型的方向和关键路径。

颜艳春　盛景嘉成基金合伙人，
山丘联康创始人兼董事长

近年来，数字化转型已经成为一种趋势，谈数字化转型的也大有人在，但是其中真正站在"管理者"的角度去深思数字化转型的并不多。邓斌兄的这本书融合了他所接触的企业家管理者的共同思考及研究，可谓是"共创"。同时，本书的结构继承了邓斌兄清晰易懂的写作风格，简明的构造贯穿全书，让读者无须花费太多的理解成本，轻松地进行阅读。

何晓磊　日本价值工程协会中国区总代表

这本书讲了 21 个小故事，作者对于每个故事都有非常精妙的点评，并提取出故事的核心价值，比如从特斯拉卖保险的故事总结出：第二产业的玩家，借助数字化转型，将自身能力外溢为服务，进入第三产业已经是趋势。联想基于过去 30 年从自身业务信息化、数字化到智能化，也总结出了一套企业智能化转型的框架与成熟度模型，和邓总此书传递的理念有很多共通之处。希望此书能帮到更多正在开展数字化转型的管理者。

袁帅青　联想中国副总裁、华南大区总经理

中国乃至全球的后黄金时代，竞争从数量到质量，数字化是唯一的答案。管理者的数字化转型不是需要之选，而是必要之选。

郭耀峰　蓝色光标集团首席策略官，

PRovoke Media 亚太最具创新力 25 人榜

现在市面上关于数字化转型的书有很多，但是邓斌的著作始终值得获得额外的关注。一方面，他本就有多年在数字化领先企业的一线实践经历；另一方面，在长期授课过程中，他不断总结新的管理者问题，吸收新的管理者思考，正所谓"问渠那得清如许，为有源头活水来"。我也很欣赏作者"大时代，小故事"的说法，一千个人心中有一千个哈姆雷特，相信这些小故事一定能给管理者带来新启迪。

高飞　至顶科技 CEO 兼总编辑

邓斌是中国金融界优秀作家，同时长期从事中国领先企业管理案例和数字化转型案例研究，笔耕不辍，著作等身，成就斐然，享有盛誉。在当今企业开展数字化转型如火如荼之际，他创作的这本新著没有讲大道理，而是另辟蹊径，以 21 个有趣的小故事为主线，既体现了行业专家的业务水准，又发挥了作家的创作优势，让专业深奥的数字技术原理变得妙趣横生，期待更多的企业管理者从中受益。

阎雪君　中国金融作家协会主席，
中国作家协会全国委员会委员

邓斌的这本书，秉承他一贯谦逊、求实的风格，融合了众多同行的智慧，基于作者自身授课实践和对大量案例的研判，横跨第二、第三产业的经营痛点，寻求企业在数字化时代的突破路径。作者以商业进化论作为释放企业数字生产力的总体背景，提出了企业数字化转型的切实路径，数字化转型重在转型和协同管理变革力的实施，作者强调三大驱动在技术加速度中的重要性。这是一本重塑管理者创新思维的佳作！

戴荣里　中国作家协会会员，
中国人民大学科学哲学博士

这本书的选题角度非常独特——管理者的数字化转型，可以说抓住了数字化的核心要素，只有管理者完成了数字化转型，才能推动企业完成数字化转型升级。这本书让我们理解数字化转型成功的诀窍在于转型而非数字化，在于采用"之"字形的推动方式，书中剖析的华为、特斯拉、美的等先进企业的实践经验很鲜活。这样有料、易读、读完即能派上用场的好书，值得每一位管理者研读。

雷文涛 有书创始人

数字化转型成败的关键是什么？本书给出一个结论：数字化转型之难不在于"数字化"，而在于"转型"；其核心是流程背后的利益格局重构。这正是全书带给我的最大启发。尤为可贵的是，邓老师通过讲故事的方式，帮助读者"秒懂"数字化转型的深奥话题，带给人们非常愉悦的阅读体验。

周童 企业家读书会创办人

近些年，中国民营企业发展遭遇很大的挑战，如何进行数字化转型，成为企业管理者需要深入思考的重要话题。邓老师是数字化管理顾问，这本著作面世，恰逢其时，书中用了大量案例讲述企业成长的故事。对企业管理者来说，"以铜为镜，可以正衣冠"。

雷建平 雷递网创始人，《上市风云》作者

数字经济无疑正在引领时代发展，在重构我们的生产和生活新方式。未来各行各业都要开展数字化转型，如何转型？邓老师的这本书透过数字大时代的小故事，以小见大，生动有趣地告诉管理者数字化转型的思路、方法和路径。全书通过商业进化论、管理变革力和技术加速度三大篇章，为我们讲述企业开展数字化转型的实践案例，启发颇多。

郑义林　华董汇创始人，

《攀登者》作者

经验的浪费是大浪费，高手能快速借鉴别人的经验。那些让企业苦苦思索却不得其解的问题，或许其他领先企业早就有了高效解决方案和成功实践，"重复造汽车轮子"并非明智之举。本书阐述了不少别人家的好"轮子"，方便读者借鉴。优秀的经验很多来自管理优化，管理优化效果明显但成本不高，能帮助企业既增长又增效，是并不具备技术优势的"管理者"在"数字化转型"时大有可为的重要抓手。

朱相鹏　华为原项目独立顾问，

《拉通》作者

后疫情时代，数字化转型变得既紧急又重要。企业管理团队的数字化素养经常是数字化转型的短板，而这个话题过去业界少有深度触及，因此邓斌这本书的观察角度就变得难能可贵，尤其值得从业者们借鉴和讨论。

徐志斌　见实CEO，

《关系飞轮》作者

邓斌在大学读的专业是计算机科学与工程，在华为工作的十余年主要从事流程化、信息化、数字化的战略规划工作，服务对象包括华为公司自身和华为的战略价值客户。同时，邓斌是中国金融作家协会会员，长期从事财经著作的创作，正是这样的理工科和文科的跨界融合，让他创作数字化转型领域的著作具有独特优势。这本书以小故事的方式呈现数字化转型的精髓，以小见大，视角独特，值得正在开展数字化转型的中国企业管理者借鉴。

范海涛　传记作家，
小米官方授权传记《一往无前》作者

这本书最鲜活的例子，其实正是作者邓斌本人。我一路见证了他在华为工作，到后来创立书享界，到走遍中国传播华为管理之道，再到今天积极推动企业数字化转型。他是一位真正紧抓战略机会窗，源于华为、超越华为，紧扣第一性原理，实践数字化转型的卓越管理者。数字化转型是一种系统跃迁，它固然显现为趋势潮流、商业结构变化，但深地里是人的心智模式的又一次升级，是管理者驾驭数字、超越数字，以此推动知识创造价值的范式转变。期待邓斌的著作能给中国更多的管理者带来心智模式升级的新启迪。

唐文　氢原子 CEO，
《轻营销》作者